PRICING DECISION PROJECT

一瞬でキャッシュを生む！価格戦略プロジェクト

小予算で簡単にできる感情価格決定法

神田昌典 監修
Masanori Kanda

主藤孝司 著
Koji Sudo

ダイヤモンド社

監修者まえがき――本書が書かれることになった、奇妙な偶然

本書は、不思議な運命によって書かれた。

内容と直接関わりあることではないが、背景を知っていただくためにも、少しおつきあい願いたい。

この本は、そもそも私のパートナーである、経営コンサルタントの神田岳秀さんによって書かれることになっていた。しかし岳秀さんは、執筆途中で、二〇〇三年一月に他界された。

コンサルタントとしての道を志す以前には、岳秀さんは、類稀なる直感に溢れたプログラマーとして活躍していた。私と出会って、コンサルタントとして歩みはじめることになったが、その動機には心打たれる純粋さ、ひたむきさがあった。彼は幼少のころ、造船業に携わる父親の同僚が次々とリストラされ、悲嘆にくれて父に電話をしてくる光景を見て、子供ながらに居たたまれない悲痛感をもった。そこで、景況に左右されやすい中小企業を

活性化するお手伝いがしたいと思いつづけてきたのである。

私と出会って、コンサルタントになることを決意したとき、彼は涙ながらにその動機を告白された。その場に同席していた人々の誰もが、溢れる涙を抑えられなかった。

岳秀さんは、中小企業が、資本力のある大企業と競争し勝ち残っていくためには、二つの柱が必要であると考えていた。第一に、マーケティング、つまり効率的に顧客を獲得するノウハウをもつこと。そして第二に、価格競争に巻き込まれずに、十分な粗利を確保すること。

とくに第二の価格戦略については、誰よりもこだわりをもっていた。コンサルタントとしての自分の使命と捉え、価格に対する研究プロジェクトに没頭した。その研究の成果を、本書『一瞬でキャッシュを生む！ 価格戦略プロジェクト』として発表することが決まっていたのである。岳秀さんは熱心に研究成果を書きためていたが、その原稿を完了することなく、昨年この世を去った。

その原稿を、どうして著者の主藤孝司氏が引き継ぐことになったのか？ それは奇妙な偶然の一致によるものだった。

岳秀さんの告別式が終わって、一週間ほど経ったとき、私のクライアントであった主藤さんから電話があった。

「神田さん、岳秀さんの原稿は、世の中に出さなければならないと思うんですよ」

「私もそう思っています。（沈黙）でも、誰が書かれたらいいと思います？」

「（沈黙）僕が書いたほうがいいのかなぁ」

「（沈黙）どうしてそう思うんですか？」

「岳秀さんとは、この価格の本でもいろいろ縁がありましてね。深夜に電話がかかってきては、本の内容について、よくお話ししていたんですよ」

「そうですよね。主藤さんは、価格については誰よりも実践していますからね」

「でも僕じゃ、あの内容は書けないよなぁ」

「そうかなぁ、主藤さんだったら、すぐに書けちゃうんじゃないですか。それに堀之内先生*が岳秀さんの遺稿を見たって言ってましたよ」

「なんだ遺稿があるのかぁ。遺稿があるんだったら、なんとか書けるかなぁ」

＊著者および監修者が共通に学んでいる心理学者。

このような経緯で、主藤さんは、本書を執筆されることになった。ところが、である。主藤さんが、そう承諾したあとに、遺稿はやっぱりなかったことが判明した。遺稿がなくても、主藤さんが執筆者になることで、すでに出版は決まってしまった。主藤さんは後には引けない状況にあった。

いったい、堀之内先生がご覧になった遺稿とは何なのか？　主藤さんと私は、訳がわからなかった。

数カ月ほど経って、どちらからともなく、その話題になった。

「神田さん、堀之内先生がご覧になった遺稿というのは、何だったんですかね？」

「おかしいよね。たしかに、見たっておっしゃっていたよ。校正で赤字が入っていた原稿が、棺の上に置いてあったと言っていましたから」

「棺の上ですか……。（長い沈黙）あの、もしかして、それは僕が置いた原稿じゃないかと思うんですよ」

「主藤さんが置いた原稿？」

「ええ。実は、通夜に駆けつけるときに、僕がちょうど書き終わっていた別の本の原稿をとっさにつかんでもっていったんです。その原稿を、岳秀さんへのおみやげとして、棺の上に置いたんです……」

「それじゃ、主藤さんが自分で置いた原稿を、遺稿だと思っていたんじゃないですか！」

このように主藤さんが自分の原稿を、岳秀さんの遺稿であると勘違いしなければ、彼は本書を書くことが決断できなかったのである。われわれは、この偶然の一致を考えるにつけ、主藤さんが岳秀さんの遺志を引き継いだのだ、と確信するようになった。

このような背景があっただけに、今回の本は、主藤さんにとって、大変重たい課題だったに違いない。しかし主藤さんは、見事にその課題をやりきった。

その結果、本書は、価格に関するビジネス書としては類例がないほど、極めて具体的な実践事例、詳細な分析、そして即効性のある理論がふんだんに盛り込まれている。『一瞬でキャッシュを生む！ 価格戦略プロジェクト』というタイトルは、大袈裟だと疑われるかもしれない。しかし本書を数ページめくっただけで、そのタイトルには、ひとかけらの嘘もないことが明白になるだろう。

主藤さんは、誰もが認める天才起業家。二〇代の頃から、家庭教師派遣、プリクラ端末販売等をはじめとして、いくつもの事業を立ち上げ、成功させてきた。とくにＮＴＴのＩＳＤＮ回線の販売事業に携わった際には、わずか二年社員二名で、軒を連ねる大手企業を抑え、日本全国トップの代理店になった。

彼が驚異的であるのは、ビジネスを伸ばす才覚だけにあるわけではない。ビジネスを伸ばすだけであれば、成功する起業家は多い。しかし伸ばした挙句、天狗になり、その後、業績が急降下。上場するほどのベンチャーでも、上場したとたんに失速する企業はあとを絶たない。

一方、主藤さんは、ＮＴＴ代理店のトップになり、人にはうかつに言えないほどのキャッシュフローを得ているその際に、事業縮小の決断を下した。もちろん周囲は、「なんでやめちゃうの、もったいない」と当惑した。ところが、その決断を下した翌年、ＮＴＴは代理店手数料の大幅削減を決定。そのまま事業を継続していたら、損失すら生じかねなかったのである！

このように彼は、時流を読む嗅覚が誰よりも鋭いのだ。しかも成功しても、自分のノウハウを客観的に説明できない経営者が多いなか、主藤さんは、極めて論理的に、誰にとってもわかりやすく説明する能力ももち合わせている。

本書については、極めて読みやすく、また面白くまとめてあるので、内容についてのコメントは読者にとっては必要ないだろう。私のほうでつけ加えておきたいのは、本からは嗅ぎとれない、主藤さんの一面について、である。

主藤さんは、単に価格についての理論家ではない。筋金入りの実践家だ。

彼は、NTTのISDN回線販売事業を手がけているときに、私のもとに相談に訪れてきた。その際、度でかいダンボール箱四箱分にも及ぶ資料を、私の事務所に送りつけてきた。「いったい、何が入っているのか」とおそるおそる開けてみると、日本全国各地の電話帳（タウンページ）がぎっしり。しかも、電話帳に掲載されているライバル会社のすべての広告に付箋が貼ってある。

われわれは、ライバル会社の広告を見ながら、どうすれば勝てるかを検討した。その際、主藤さんは相談の最中にも、気になる会社があれば、「それじゃ、この会社に電話してみましょう」と携帯電話で即、電話。お客になったフリをして、ライバル会社の価格、セールストーク、電話対応レベルを調べあげるのである。もちろんライバル調査をやるのは大事だが、社長自らがお客になりきって、目の前で電話をかける様は、鬼気迫るものがあった。こいつだけはライバルにはしたくない、と心底思ったほどである。

すでに主藤さんは会長職。三三歳にしてほぼリタイアしている。彼にとって本を書くことが本業でないことを考えると、通常ならば、本書に書かれている彼の数々の実践、貴重なノウハウは、会社のキャビネットに永遠に眠り、誰も目にすることができないまま、消え去っていたと思う。不思議な縁により、一周忌にあたるこの一月に、岳秀さんの意を汲みながらも、オリジナルな原稿に仕上げられた主藤さんに、心より拍手したい。

本書によって、われわれが安易な価格競争から抜け出し、生きる価値、生きる悦びを顧客に提供するというビジネス本来の姿に立ち返れるようになることを、私は信じている。

二〇〇四年一月二三日

経営コンサルタント　神田昌典

一瞬でキャッシュを生む！ 価格戦略プロジェクト……目次

第1章

「値上げ！」こそ成功の条件だ

高価格だからトップになれた

収益を短期間で最大化できる戦略

今、日本はデフレ経済で、低価格競争の時代だと言われている。

「安くなければ売れない」というのが常識だ。

だが、本当にそうだろうか。現に、「安くても売れない」商品やサービスがあり、「高くても売れている」商品やサービスがある。低価格競争を尻目に、高利益を上げて儲かっている会社がある。その差はいったい何か?

それはズバリ、プライシング、つまり価格設定にある。

ここでいう価格設定とは、単に売値を決めることではない。顧客の感情に合った価格を設定し、その**価格に見合う価値を創造する**、戦略に裏打ちされたものなのだ。

本書の狙いはズバリ、われわれ中小企業がとるべき値上げ戦略を身につけていただくことにある。正直言って、中小企業が今の激動の経済社会で生き残る方法は値上げしかない。値上げ戦略は、非常に短期間で収益を倍増する最も有効な手段である。それを私自身の経験や事例、そして最新の価格調査方法や価格設定の方法論などをもとに、みなさんに身につけていただきたい。それが本書の狙いだ。

まずは、「安くなければ売れない」「安いほうが売れるに決まっている」という固定観念を消し去り、付加価値をつけ、高価格で粗利を高くした商品を売ることこそが中小企業成功の条件だと認識していただきたい。

社員二人で全国トップになれた理由

私がオーナーをつとめる㈱パスメディアは、一九九八年にNTTの正規の代理店として通信事業に参入した。そして二〇〇一年度には、当時NTTのメイン商品であったISDN回線の取次件数(NTT代理店による二〇〇一年度全国ISDNライト取次実績)で、全国トップの成績を収めることができた。

この事業には当然のことながら、NTT系列の子会社のほか、ビッグカメラやヨドバシカメラ、コジマ、ベスト電器などの大手家電量販店が参入していた。ほとんどの大手商社もそうだった。いわば彼らがライバルなのだが、当時の私の会社はわずか二拠点、社員は二人だけ。にもかかわらず、錚々《そうそう》たる大手家電量販店の全店舗での合計取次件数を上回る申込件数を獲得し、NTTから全国トップの表彰を受けるにいたったのだ。ちなみに最盛期には、他の平均的な代理店の一年分の申込件数をたった一日で受注するほどだった。それだけダントツにトップになったのである。

とても信じられないという人もいるだろうが、これは紛れもない事実である。では、どうやってこの結果が生まれたのだろうか。

常識的に考えれば、マーケティング力やセールス力、思い切った広告展開等が思い浮かぶだろう。あるいは、資金力や徹底した人海戦術を思い浮かべる人もいるかもしれない。それらもある程度は貢献したが、しかしいずれも、社員二人で資金力もない地方の小企業が中心的にとれる戦略ではない。まして、参入当時は有限会社だった。では、何が成功の要因なのだろうか。

実は、本当の成功要因は、価格設定にあった。

わが社の価格はおおよそ業界の六倍、さらに値下げ競争のなかで同業他社がゼロ円とい

●図表1-1● パスメディアと他社の価格推移

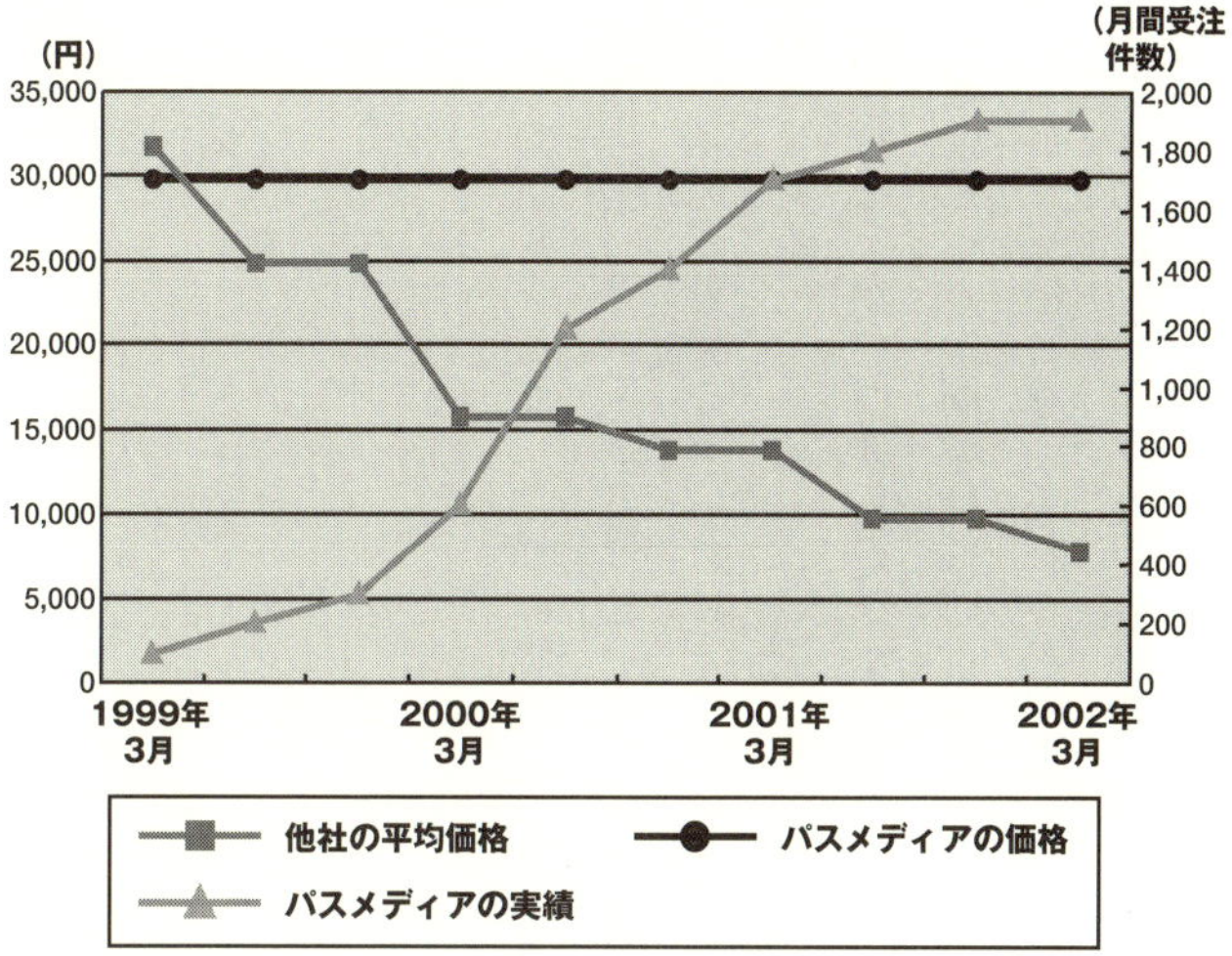

うダンピング戦略をとるにいたっても、わが社は二万九八〇〇円の高価格帯を維持しつづけたのだ。

図表1−1のグラフを見てほしい。二万九八〇〇円の横一線のラインが、私の採用していた高価格戦略である。右肩下がりになっているのが同業他社の平均的な価格。それは二万五〇〇〇円、一万五八〇〇円、一万四八〇〇円と下がりつづけ、さらに九八〇〇円、五八〇〇円と下がっていった。収益的には実質マイナスの価格である。

高価格を続ける決断

他社が価格を下げていく。自分のとこ

ろだけ高い価格のまま。その状態に拍車がかかっていく。その頃の私は、毎日ストレスでいっぱいだった。価格競争に巻き込まれた恐怖、将来への不安、従業員のモラールの問題。当然、「売れつづけるのだろうか？」という売上の心配も相当なものだった。ストレスのあまり、当時は寝つかれない夜が続いたことを覚えている。

そんななかで、私は二万九八〇〇円という高価格を維持しつづける決断をした。

その結果、他社が価格を下げれば下げるほど、なぜだか不思議と受注量は増えていった。あとでもお話しするが、これは価格の「品質表示機能」が働いた典型的な事例だった。つまり、他社は、「安すぎて怪しい」と消費者が思う価格帯で勝負してしまっていたのだ。だから、他社が価格を下げれば下げるほど、私のほうへ注文が舞い込むという構図だった。

価格を下げなくてもきちんと売上が伸びてくるとわかってからは、自信をもってこの高価格帯戦略をとりつづけることができた。だが、そこにいたるまでは正直、大変な苦労と模索の連続だった。同業他社がどんどん安くしていくなかで、逆に自社の価格は他社の五割増、二倍、三倍となっていったからだ。

そのときの不安は、あなたも経験したことがあるかもしれない。「このままの価格では、お客をとられるだけだ」と。もちろん、私もそんな不安に駆られる毎日だった。そんななかで成功をもたらしてくれたのは、たった一つ。それは値下げをしないという決断。それとその決断をする勇気だった。

もちろん、すべての業界、すべての商品に私の事例が当てはまるわけではない。専門的に言えば「価格弾力性が低い業界」だったからこそ、この戦略が功を奏したという背景はある。わかりやすく言えば、購入機会、購入頻度が少ない商品、業界であったからこそ、この戦略がうまくいったのだ。

だからといって、「自分の会社では無理だ」と早合点しないでほしい。どの業界、どの商品であっても、実は価格戦略で成功するための最大のコツは共通しているからだ。そのコツとは、先ほども言ったように**「値上げ、高価格で経営していくことを決断する勇気」**にある。どれだけ経営理論と経営資源があっても、社長であるあなたの決断がなければ、値上げや高価格戦略は絶対に成功しない。

他社は値下げ――ここが勝負の分かれ目だ！

同業他社の二倍以上の価格で販売する。普通なら、「そんな価格で売れるはずがない」と思うだろう。だが実際は、高価格を維持しつづけたからこそナンバーワンになれた。

その理由を説明する前に、まずＩＳＤＮ回線について説明しておこう。あまり専門的になってしまうとわかりにくいので、簡単にお話しする。

ＩＳＤＮ回線というのはいわゆるデジタル回線で、従来のアナログ回線の約五倍のスピードでインターネットをすることができる。二〇〇〇年くらいまでは、最も一般的なインターネット接続の回線だった。今のように光ファイバーやＡＤＳＬ回線が普及してくるまでは、インターネットをより速く楽しむにはＩＳＤＮしかなかった。

私がＮＴＴの代理店として通信事業に参入したのは一九九八年の冬。ちょうどインターネットに火がつきかけていた時期で、アナログ回線からＩＳＤＮ回線への乗り換えや、「どうせ新規に電話回線を引くなら、インターネットが速いＩＳＤＮ回線で」という人が増えはじめていた頃だった。

ＮＴＴもタレントの「ＳＭＡＰ」をテレビコマーシャルに使い、拡販に躍起になっていた。ところが、ＩＳＤＮ回線にはＴＡ（ターミナルアダプター）という高価な専用の取付機器、アダプターが必要だった。当時、そのアダプターは四万円以上もし、さらにＤＳＵという装置も必要だった。そのため、ＩＳＤＮ回線は業界全体どこでも価格が高く、また開通までの手続きが面倒だったことから、ほとんど法人にしか需要はなく、これを個人相手に積極的に売り込む企業は皆無だった。

ところが、インターネットがブームになってくると、ISDN回線が少しずつ普及しはじめてきた。そうすると、アダプターの価格も下がりはじめた。今振り返ると、ここが勝負の分かれ目だったようだ。

アダプターの仕入れ値が下がれば、売値も下がる。そうすると当然、店頭販売価格も下がる。同業他社が行なったのは、それにつられての値下げだった。

提供したいサービスを実現するために必要な価格

だが、そのとき私は素朴にこう思った。「なぜ価格を下げなければならないのか?」

なぜなら、ISDN回線を引くにはいろいろな手間がかかる。まず何十種類とあるアダプターのなかから自分にあったものを選ぶだけでも、慣れない人や機械物が苦手な人にとっては大変なことだ。さらにその後、アダプターの設定をしなければならない。しかも、専門的なコマンドを分厚い取扱説明書を見ながら、手作業で入力していかねばならないのだ。そのうえDSUの調達や設定、それらの接続も必要だ。

また、申し込みにかかる手続きとして、NTTへの申し出も面倒だ。NTTの受付窓口は、ＮＴＴの全商品の問い合わせ窓口となっていたため、当時ブームだったとはいえ、まだ全電話回線の一割にも満たないＩＳＤＮ回線のちょっと詳しい質問をすると「担当者に代わります」と言って、すぐにたらい回しにされてしまう。一件の申し込みを完了させるのに早くても二〇分はかかっていた。下手すると三〇分以上かかることもザラであった。それだけ大変な手間をかけてやっと申し込みが完了する。そんな具合に面倒な代物がＩＳＤＮ回線だった。これでは普及しないわけだ。

だったら、こうした手間をうちの会社が一気に引き受けて、トータルにサービスとして提供すればいい。私はそのほうが売れるのではないかと思ったし、そうしたサービスを求めている人だけをお客様として相手にすればいい、と考えた。

そうしたサービスを提供するために必要な価格として設定したのが、二万九八〇〇円だったのだ。常識では、原価や同業他社価格などから考えて価格設定をする。しかし、それでは収益的にじり貧になるのは火を見るよりも明らかだった。だから私は逆を行った。常識的に価格を決めるのではなく、**自分が提供したいと思っているサービスを実現するために必要な粗利益を確保する価格にする**、ことを考えたのだ。

この決断にいたった背景には、「電話が安心して使える『状態』を提供する」ために、安心してＩＳＤＮ回線を使える「環境」という付加価値サービスを商品にしようという現社長の杉山淳氏の一言があった。それは明らかに他社とは違う戦略だった。他社は単にアダプターを小売りするだけか、ＩＳＤＮ回線の取次をするだけで終わっていたからだ。私は価格設定の哲学、ポリシーを変えていった。いわば非常識な価格設定だったのである。

高価格だからこそできるサービス

もちろん、最初に二万九八〇〇円に決めたときはビクビクものだった。同業他社は価格をどんどん下げていく。「安くしたほうが売れるんじゃないか」という迷いが生じたし、正直なところ不安でいっぱいだった。

それでも二万九八〇〇円を貫いたのは、私たちが考えているサービスを提供するには、それだけの粗利がないと実現不可能だったからだ。逆にいえば、これだけの粗利のある価格設定をしていたからこそ、他社に負けないサービスと販売力が維持できたわけだ。

サービスとは、まず最初にアダプターの選択だった。お客様から利用形態を聞いて、その方のニーズにあったアダプターを用意する。そして社内にアダプター機器設定専門の部署を設け、アダプターの内部にあるロムにお客様の要望に応じたデータ内容を記憶、設定し、それからお客様にお届けする。

もちろん、ＮＴＴへの手続きもすべて私たちで行なった。トラブルも引き受けた。機械物は、必ず初期不良がある。これは、どんなに検品しても一定の割合で発生してしまうものだが、私たちが取り扱ったアダプターも同様だった。通常、こういった初期不良はメーカー対応となるが、それでは時間がかかりすぎる。それはお客様が望むサービスではない。

そこでアダプターの初期不良もすべて、お客様へ費用負担を一切かけることなく、弊社負担で無償交換を行なうようにした。このような潜在的なリスクにすべて対応できたのも、こういったトラブルが一定数発生するのをあらかじめ見越して価格設定を行ない、十分な粗利を確保していたからに他ならない。

そこまでやったからこそ、二万九八〇〇円の価格設定があったし、二万九八〇〇円の価格設定があったからこそ、そこまでのサービスが可能だったとも言える。

ここまでサービスを充実させた結果、どうなったか。お客様がうちに電話するだけですべてが完結する、「ワンストップサービス」ができあがった。これはお客様に非常に重宝がられた。このビジネスモデルをスタートしてから三カ月、半年と経つにつれて、私は「この価格で正解だ」という確信がもてるようになった。

ちなみに、このワンストップサービスのアイデアは、当時おつきあいのあった日興證券さんからヒントをいただいたものだった。当時の日興證券さんも、お客様がワンアクションですべての要望を済ますことができるサービスを模索中だったことから、さまざまな助言をいただくことができた。今ではADSL最大手のヤフーBBも、同様の手法を取り入れている。ヤフーBB飛躍の秘密は低価格ADSLサービスにあると言われているが、孫正義社長が自ら語っているように、実はオプションも含めた客単価はヤフーBBが最も高い。その高価格を維持できている原動力も、この充実したワンストップサービスにあるのかもしれない。

もう一つ、粗利の高い適正な価格設定を行なっていたからこそ実現できたことがある。それは、精度の高い広告展開だ。その結果、同じ規模の業者とは比べ物にならないほど多くの広告を打つことができた。広告はみなさんご存じのとおり、水物と言われていて、打つたびに反響が変わってくる。新聞や雑誌に出す広告の場合であれば、媒体ごとの反響も違ってくる。媒体の信用力を知る必要もあるわけだ。

その信用力を知るために多用したのが「テスト広告」だった。あえて受注を狙わず、媒体力を測るためだけに広告を出すわけだ。広告ごとに六桁以上の広告コードという識別番号を異なる番号で割り振り、テスト的に広告を出し、反響を調べる。申し込みをされなくても、電話をかけてこられた方すべてにご覧になった広告の広告コードを必ず言っていただく。効果測定というやつだ。その結果、広告媒体ごとの効果、曜日による善し悪しが把握できる。そういったマーケティングを、十分に余裕をもって行なうことができた。その結果、精度の高い広告展開ができるようになった。

広告をたくさん打つことは、重要なことだ。会社の売上が上がることはもちろん、何よりも、より多くの人に商品の存在を知らしめることができる。

流通の話になるが、どんなに優れた商品であっても、消費者に知られなければ受け入れられることもない。そうやって消えていった優れた商品は、世の中にごまんとある。それだけ、広告や販売ルートなどの流通というのは、経営にとって大切な要素となる。

最近で言えば、電動歯ブラシがよい例だろう。昔はマニアックな通信販売で売られていたが、次に歯科医院など専門店で販売されるようになり、それからドラッグストア、日用品店、ＤＩＹ、スーパーへと販売網を広げていき、今ではコンビニにまで販売ルートを拡大している。自然と目にする人、手にする人も増えてくることになる。当然、消費者に受け入れられる商品であれば、それに比例して売上も伸びてくる。こうやって流通ルートを拡大していけば、さらに商品認知が高まり、売れていくというわけだ。

広告をたくさん打つということは、流通の拡大と同じ効果がある。広告というのはいわばお店みたいなものだから、広告をたくさん出せるということは、それだけ消費者に商品情報を伝える機会を増やせるということでもある。当然、売上は大きくアップする。それが実現できたのも、テスト広告まで余裕をもってできる十分な価格設定を行なっていたからだ。

ほとんどの会社が行なっているライバル企業の価格を見て自社の価格を決める「ライバル比較法」ではなく、商品提供者側が実現したいと思っている付加価値やサービス体制、営業コスト等までを加味した「自社理念実現基準」による価格決定。そして、ターゲットにしているお客様が不安に思わない価格で、かつ高すぎるとも感じない適正な価格設定をちゅうちょなく行なった。

その結果、市場参入からたった二年半で、全国トップの業績を収めることができた。

「高価格な商品ほど売れる」これが新しい常識だ！

コンビニで二〇〇円のおにぎりが売れる理由

前節では、私の成功事例の一端を紹介した。だが、読者のなかには「それはあくまでも特殊な例で、やっぱり価格を高くしたら売れなくなるのではないか？」と疑問に思ったり、不安を感じたりする人も多いだろう。

無理もない。価格を上げると販売数量が減少するのは、一般に言われていることだ。私も最初は不安だったし、自分の決めた価格に確信がもてなかった。それでもお客様が不安に思わない価格で、かつ提供している商品やサービスに見合った適正な価格を貫いていくうちに、自信と確信がもてるようになった。商品が売れるにつれて、お客様から支持の声をいただいたり、ご紹介をいただいたりしたからだ。

とくに当時最も自信になったのは、何人ものNTTの社員の方から申し込みをいただいたことだった。自社で直接申し込みをしないで、わざわざ代理店である私のほうへ申し込みをしてくださった。それだけ信頼をいただいていたのだ。

それでも「安くしなければ売れないんじゃないのか?」と反論したくなる人もいるだろう。しかし、本当にそうだろうか。現に多くの経営者は「価格を下げても、商品が売れない」と頭を抱えているではないか。

逆に、適正な価格をつけ、それに見合ったサービスや品質を提供している会社や商品は、高い価格でも売上を伸ばしているのが最近の新しい現実である。

身近な例をあげよう。今、コンビニエンスストアでは「コンビニ不況」と呼ばれるほど売上が落ち込んでいる。だが、そのなかで大きく売上を伸ばし、コンビニ各社の売上を支えている商品がある。高価格のおにぎりだ。

普通のおにぎりの値段は一〇〇円から一三〇円。ところが今売れているのは、一六〇円から二〇〇円の価格帯のおにぎりである。もちろんただ高いだけでなく、ご飯に新潟産のコシヒカリを使ったり、具材に北海道産のイクラや五島列島のマダイを使ったりと、価格に見合うだけの商品を提供しているのが売れている理由だ。

おにぎりだけではない。例えばセブン－イレブンは、キリンと共同開発した「まろやか工房」というビールを発売した。通常よりも二、三割高い価格ながら、売上を順調に伸ばした。ジュースの分野でも、カゴメと組んで一缶二五〇円もする温州みかんの生ジュースを発売し、たった一カ月で三〇万本を売り切った。

こうした高価格に見合う商品が提供できたのは、その商品提供を支えるための「仕組み」をもっているからに他ならない。セブン－イレブンの場合、ジャストインタイムという流通システムが整備されているからこそ、ビールにしてもジュースにしても、より生に近い状態で提供することができた。

こうした高価格商品を購入しているのは四〇歳代から五〇歳代の中高年層だという。それまでの安い価格のおにぎりやジュースでは満足できなかった人たち、より質の高いサービスや品質を求めている人たちである。

ここで考えてほしいポイントは、「あなたは自分の商品を、どんなお客様に売りたいのか？」ということだ。そのためにはどんなマーケティングなり、社内組織が必要となるか。高価格帯の商品を売るためには、必然的に戦略的な考え方、つまり「仕組み発想」が求められるということなのだ。

二倍以上の価格で成功するサービスとは?

みなさんの理解を深めるために、もう一つ別の例をあげておこう。私の友人で、美容業界ではカリスマ美容師として有名な金井豊氏がいる。彼が経営する美容室サロン「リッツ」の成功事例である。

通常、美容院のカット料金を含めた平均客単価は五〇〇〇円から六〇〇〇円前後。ところが「リッツ」ではその倍以上の一万円を超える金額をお客様からいただいている。金井氏によれば「三倍の価格が目標」だという。当然、お客様の支持も厚く、ほとんどがクチコミやリピーターであり、業績は好調、新たに事務所を拡張し、さらに新規サロンも展開中だ。

金井氏によれば、美容院業界の価格は今後、明らかに二極化するという。その理由は二つある。一つは全国展開している「TAYA」というチェーン店が美容・理容業界として初めて株式上場したこと。上場イコール大衆化だから、一般的なサービスレベルのサロンの価格は下がってくる。さらに「QBハウス」のような「一〇〇〇円カット」の店が登場してきたため、業界の平均価格はますます下がり、競争が激しくなっていく。

その結果、「ただ髪を切ればいい」というお客様と、これら大衆化、低価格化に抵抗を感じ、サービスの品質に不安をもっている方々や、「美容院に**行くこと自体が楽しみ**で、それがくつろぎの時間」というリッチなお客様に二極化するというわけだ。

そのときに大切なのは、自分がどういうお客様を相手に仕事をしたいのか、ということである。そう考えたとき、当然、中小企業の選択として正しいのは、後者の高級路線である。低価格戦略は、いたずらに体力を消耗するだけで、一時的にお客様の支持を得たとしても長続きしない。「安さ」とは、イコール「飽きやすさ」でもあるからだ。もちろん、かといって単に価格を上げただけでは、お客さんの納得を得ることはできない。そこには価格に見合ったサービス、商品品質が必要となってくるからだ。

では、金井氏はどういうサービス哲学で事業を成功させているのか。あなたも知りたいところだろう。彼が私に教えてくれた成功哲学とは、「お客様が予約の電話をかけてこられた瞬間から、サロンに来店され、髪をセットしてお帰りになり、翌日、そのお客様が友達に会われるところまでがうちの商品」という、他の経営者では思いもつかないものだった。

ヘアスタイルを整えたら終わりなのではなく、そのお客様が翌日人に会い、「すてきなヘアスタイルね」「すごくキレイ」と言われる、その瞬間までがリッツの商品だというの

●図表1-2●「リッツ」がお客様に送った価格変更のお知らせ

日頃よりRITZをご利用頂き誠にありがとうございます。

この度、わたくし金井　豊 並びに板倉　満 の料金を9月1日より下記の通り変更させて頂きます。
今後の更なる向上とRITZのMissionでもある“共感”を今以上に具現化しお客様の拠り所となれる様、より一層努力してまいります。
今後ともRITZをご愛顧の程よろしくお願い致します。

RITZ代表
金井　豊

現在のPRICE		→	改正後PRICE		SILVER・GOLD MEMBER PRICE	
Cut (Shampoo & styling込み)	6,500		Cut (Shampoo & styling込み)	8,000	Cut (Shampoo & styling込み)	7,200
Perm (Shampoo, cut & styling込み)	13,000		Perm	16,000	Perm (Shampoo, cut & styling込み)	14,400
Color (Shampoo, cut & styling込み)	13,000		Color	16,000	Color (Shampoo, cut & styling込み)	14,400

＊現在、別料金を頂いておりますPerm,Colorの前処理トリートメントの料金は無料とさせて頂きます。

PRICEに関するご相談はリザベーションセンターまでご連絡ください。
Reservation center　0120. xxx. xxx

だ。こうしたコンセプトがあるからこそできる高価格戦略である（図表1―2参照）。

お客様を店のファンにする戦略

　商品哲学と同時に必要になるのが、その哲学を実現するための行動である。それがなければ、経営はなりたたない。

　では、先ほどの美容室サロン「リッツ」ではどういうことを実践し、商品哲学を実現しているのだろうか。例えばリッツでは、お客様一人ひとりについてきめ細かなカルテを作成し、定期的にお手紙を出している。単に受付をしてヘアスタイルを整えたら終わり、ではない。このレベルのことは他の店でも行なっているかもしれないが、リッツで驚かされるのは、お店に電話がかかってこないことだ。電話が鳴らないサロンなのである。

店に予約などの電話がかかってくると、どうしても作業が中断してしまう。それではお客様がゆったりとした時間を過ごすことはできないし、他の仕事をやりながらの受付となるので、どうしてもダブルブッキングなどのミスが生じてしまうという。

そこでリッツではコールセンターを設けて、全店舗の予約受付を一元化するようにした。その結果、作業の妨げをなくす以外に、次のような効果も生んでいる。店が予約でいっぱいのときに、「どうしてもこの時間しか空いていない」というお客様には、近くにある別の店舗を紹介できるようになった。ご指名の美容師にカットしてもらいたい場合ならともかく、同じリッツ系列のサロンでサービスを受けたいというお客様には嬉しいサービスだ。

また、つい先日はトリートメントの無料サービスを実施していた。カラリーングやパーマはどうしても髪を傷めてしまう。そこで、いつも来ていただいているお客様にトリートメントを無料で行なったのだ。これは、「いつも髪の毛を傷めて申し訳ありません。髪を傷めることは私たちにとっても非常に不本意です。そこで髪の毛をいたわるために、無料でトリートメントさせていただきます。髪の毛の健康を保ったうえで、またカラーリングやパーマをお楽しみください」という気持ちからだった。

こうしたサービスの積み重ねで、お客様はお店のファンになっていく。ファンとは、価格に関係なく、「どうしてもこのお店の商品が欲しい」「どうしてもこのサービスを受けたい」というお客様である。価格戦略の最終的な目的は、お客様をファンにするだけのブランド力をつけることにあるが、美容室サロン「リッツ」は、見事にそれを実現している。

「バカの連鎖」を断ち切れ！

「安ければ売れる」「高いと売れない」という常識は、あなたの思い込みにすぎないことがご理解いただけただろうか。

もちろん低価格に反応する消費者がいないわけではない。だが、反応しない消費者が非常に増えている傾向にある。それどころか、高い価格に反応する消費者が異常なほど増えているのが今の日本の状況だ。

ところが、いまだに「値下げをすれば売れる」と勘違いしている経営者が圧倒的に多い。

値下げは、当然の成り行きとして価格戦争をまねく。利益を削って価格を下げても、販売量が増えるから売上も利益も伸びるはずだと思って最初は始めるのだが、現実はそうではない。

値下げを経験された方ならおわかりだと思うが、値下げをしても販売量は思うように増えない。うまくいく場合もあるが、中小企業の場合、それはせいぜい最初の一～三カ月くらい。長くて半年から一年弱の話だ。大企業でも三年ともたない。お客の低価格への「慣れ」と「飽き」で、失速してしまうからだ。

値下げしても売上は伸びない。当然、利益も伸びない。利益が少ないうえに売れないのだから、経営はますます苦しくなる。その状況をなんとか打開しようと、さらに値下げをする。ますます経営が立ち行かなくなる――。こういった「泥沼の赤字スパイラル」に陥ってしまうのが、値下げの実態だ。

まさに泥沼。経営をとことん赤字に追い込むスパイラルに陥ってしまうわけだ。低価格路線で成果をあげることができるのは、市場を独占できる大企業のトップ一社のみと言われている。そういう企業ならともかく、経営体力のない中小企業は絶対に生き残れない。

さらに最近、われわれは市場の独占的な一社であっても、低価格路線ではブランド力を失い、赤字を垂れ流す結果となる新たな現実を、マクドナルドの事例で目にしている。

そもそも低価格路線、値下げ戦略、激安経営というのは、どういう経営なのだろうか。価格というのは、下げても売れない。いや、正しく言えば一時的には売れるのだが、長期的に見れば自分の首を絞めるだけの結果となる。にもかかわらず、値下げ戦略というのは、**「価格を下げても売れないものを、価格を下げて売ろう」**とする戦略だ。

こんなバカな話はない。にもかかわらず、ほとんどの経営者はこのようなバカなことを必死になって行なっている。同業のある一社が値下げを始めると、となりの会社も値下げを始める。その隣も値下げを始める。そうすると、最初に値下げを始めた会社も対抗して、さらに値下げを行なう。

これは、消費者のニーズや感情を考えず、単にライバルに対するプライドと見栄だけで値下げ競争を行なっているにすぎない。

あなたは経営者として、こんな値下げの連鎖につきあっていきたいだろうか。おそらく「ノー」であろう。本書を読んでいる賢い経営者ならば、ほぼ間違いなく「そんなバカな経営はやりたくない」と思われるはずだ。

顧客感情にもとづいた値上げ戦略

では、どうすれば、こういった値下げの連鎖から逃れられるのか。それは、「顧客感情にもとづいた値上げ戦略」を実践することである。その結果、ほとんどの企業は値下げ競争から脱することができる。逆に「値上げ」を堂々と実践できるようになるのだ。

他の増収策と違い、値上げ戦略にはほとんど投資がいらない。新商品開発も不要。新たな人材の募集も店舗調達もいらない。それでいて一気にキャッシュを倍増させることが可能だ。そのために必要なのは、情報や価値を商品にしていく頭脳労働と、断固たる決意、そして実践する勇気に他ならない。

値上げをする勇気が出ないとか、値上げを成功させる方法がわからないという人も多いだろう。もちろん、ただ何もせずに価格だけを上げても、お客様にはそっぽを向かれてしまう。そういったあなたの悩みを解決するために、これから実例を交えて、値上げを成功させるノウハウをいっしょに見ていこう。

第2章

「低価格」だけでは生き残れない

安易な価格競争が悲劇を招く

マクドナルドが失敗した本当の理由

第1章では、私自身のケースも含めて値上げ成功の実例をあげ、そのためには戦略的な考え方が必要であることを述べた。だが、まだあなたは「そうは言っても、安くするほうが売れるに決まっている」という固定観念を捨てきれないでいるかもしれない。そんなあなたのために、「値下げ」の恐ろしさを物語る実例を紹介しておこう。

低価格戦略で失敗した典型は、日本マクドナルドである。

日本マクドナルドは一九七一年、東京・銀座に一号店をオープン。当時のハンバーガーの価格は一個八〇円だった。その後、物価上昇とともに価格を上げ、八五年に一個二一〇円の価格をつけてからは、九五年まで一〇年間にわたって同じ価格を維持した。その間、店舗数も売上も漸増し、日本に「ハンバーガーとフライドポテト」という新しい食のスタイルを定着させていった。

マクドナルドが大きな転換点を迎えたのは、九五年のことだ。思い切った価格改訂によって爆発的に売上を伸ばし、一気に店舗数を拡大したのである。一個二一〇円だったハンバーガーを一三〇円にするという大胆な値下げを断行し、同時にサテライト店と呼ばれる小型店舗を積極的に出店した。急激に売上を伸ばし、店舗数も一気に拡大した。当然、経常利益も急激に伸ばした。

しかし、実はこの値下げ戦略を実施する前に、マクドナルドが新商品導入路線を打ち出していくつもの失敗をしていた経緯があることを、あなたは知っているだろうか。

マクドナルドは、九一年に中華料理を取り入れた「マックチャオ」を販売している。これは話題性で一時的には売れたものの、翌九二年にはあえなく打ち切り。その年にはランチタイムにカツカレーやおにぎりを販売したが、やはり売上は伸びなかった。それどころか、九一年から九五年までの間、マクドナルドは売上高を減らしてしまったのである。その危機感が、これら新商品の模索だったのだろう。一時期「うどん」を販売するという話もあったくらいだ。

大幅値下げを「成功」と勘違い

そういった新商品戦略の模索、失敗を受けて、新たに低価格戦略を打ち出し、それが見事に〝当たった〟。〝当たった〟のであって**成功したのではない**。この違いが重要である。

マクドナルドは新商品発売や新キャンペーンなど新しい施策を行なうとき、必ずテストマーケティングを実施して、その後全店に広げていく。この値下げも一部店舗で先行して行ない、消費者の感触や店舗オペレーション、食材確保、配送などを一通り新たにつくり上げて、新体制を構築した。その後、全店へ広げていった。

そうやって新しい値下げ戦略を全社一丸となって行なっていったが、今回の値下げの際、マクドナルドは大きな見当違いをしてしまった。その見当違いとは、テストマーケティングでの売上激増の結果、お客様がマクドナルドに期待しているのは新しい商品ではなく、「値下げ」だと理解してしまったことだ。つまり、二一〇円というのはお客様が納得してくださる価格ではなかったと判断し、値下げした一三〇円という新価格こそ、お客様が納得してくださる価格だと思い込んでしまったのである。

その結果、マクドナルドはこの大幅値下げを全店で実施してしまった。それで売上が激増したことを「成功」と勘違いしてしまったのである。大幅値下げによる売上増加は成功ではなく、単に〝当たった〟だけ。大幅値下げで売上が激増したのは、お客様が納得する価格だったからではなく、単に**物珍しいから一気に消費者が殺到しただけ**である。その物珍しさがなくなってしまえば、もはやお客様はよりつかない。それが今のマクドナルドの苦悩である。

二〇〇〇年を迎えると、マクドナルドの売上高は頭打ちになった。そこでマクドナルドは、いっそうの低価格戦略に向かった。同年二月には、平日のハンバーガーを一三〇円から六五円へとさらに一気に半額に値下げした。話題性もあってまたまた一時的に売上を伸ばしたものの、すぐに売上は停滞、下降した。収益力も急落してしまった。

二年後の二〇〇二年二月には、収益力を回復させようと平日価格を八〇円に値上げしたが、これによって今度は販売個数が減ったため、同年八月には五九円に再値下げを余儀なくされた。再値下げ効果で一時的にやや売上を伸ばしたものの、今度は利益が出なくなってしまい、翌年二月には収益力回復のために一部の他の商品の値上げに踏み切った。まさに価格の迷走状態である。こうなると消費者の信頼も失ってしまう。「あの値段の根拠って、いったい何なの？」と……。

結果、二〇〇二年一二月期のマクドナルドの連結決算は、当期損益が二三億円の赤字となった。最終赤字は創業間もない一九七三年一二月期以来、二九年ぶりのことだ。さらに翌二〇〇三年度には、創業時以来初の店舗閉鎖を実施し、全国で一八〇店が姿を消すことになった。

その後のマクドナルドの苦悩は、みなさんもご存じのとおりである。米国本社からの経営陣派遣によって旧体制を一新し、新たなブランドづくりを模索している。しかし、いったん失った消費者の信頼と凋落したブランドを建て直すのは、一朝一夕にはいかない。

一九八〇年代から始まったマクドナルドの経営の模索と値下げ。それは明らかな「値下げ戦略の失敗」という形で、われわれに大変な教訓をもたらしてくれた。たとえ値下げによって売上が伸びても、それは一時的な現象であり、単に物珍しさで売れているだけ。いくら市場のトップシェアを誇る大企業であっても、値下げで利益を削ってしまったのでは結局経営が苦しくなるという当然のことを、マクドナルドは身をもって教えてくれたのだ。

われわれは、このマクドナルドの勇気ある行動に敬意を表しつつ、新たな時代の経営戦略の糧としなくてはいけない。それが他社の事例から学ぶ同じ商売人としての礼儀だ。

値下げによる利益確保で後手にまわった新商品開発

ちょっと違った視点から見てみると、マクドナルドが値下げ戦略を失敗に終わらせずにすんだチャンスがあったように思えてならない。それは、値下げによる成長が続いている間に、次の稼ぎ頭となる商品づくりを早急に行なうことだった。

マクドナルドでは、それが後手に回ってしまった。これこそ悲劇を大きくしていった原因だと思う。新商品づくりを怠ったため、現状商品の「再値下げ」という形でしか成長を維持することができなかったのだ。今の価格に納得して買っているお客が、価格が下がったからといって、ハンバーガーを二倍、三倍食べるようになるとは考えにくい。そういう単純なところに、ボタンの掛け違いがあるように思える。

また、価格の乱高下はお客の信頼を失う結果となり、マクドナルドには「安いから買う」というお客しか残らなかった。「安いから買う」お客とは、つまり「安くなければ買わない」お客だ。値段でしか動かない客層。彼らは値上げすれば離れていくお客なのである。そういうお客によって売上が構成されてしまったのが、悲劇を招いたのだろう。

もう一つ、このマクドナルドの事例から考えさせられる事実がある。それは株式の上場に関することだ。ご存じのとおり、マクドナルドは二〇〇一年七月にジャスダックへ株式を上場している。この上場と低価格戦略が、どうもリンクしているように思えるのだ。

図表2―1と2―2のグラフをご覧いただくとわかるとおり、マクドナルドは二〇〇二年度決算で初めて売上ダウンを経験している。そう、上場してすぐに売上を落としてしまっている。

このように上場してすぐに業績を落とす企業は珍しくない。これを私は「失速上場」と呼んでいるが、上場するにふさわしい売上と利益をたたき出すために無理をして数字をつくっていった反動として、上場後すぐに業績をダウンさせてしまった典型的な例ではなかろうか。

事実、マクドナルドは上場を果たしたあとに、低価格路線をやめ、上場翌年の二〇〇二年に値上げを実施している。このことからも、マクドナルドが値下げによる業績拡大に邁進せざるを得なかったもう一つの理由は、上場計画にあったように思えるのだ。

上場するからには、それにふさわしい業績を残しておかなければ株主の期待に添うことができない。何よりも業績が伸びている最中に上場しないと、高値の株価がつかない。公開初値が公募価格を下回ったりすれば、既存株主から最大のバッシングを浴びることになってしまう。事前にそういう予想がなされるようであれば、最悪、上場すらできなくなる

●図表2-1● マクドナルドのハンバーガーの価格と売上高の関係

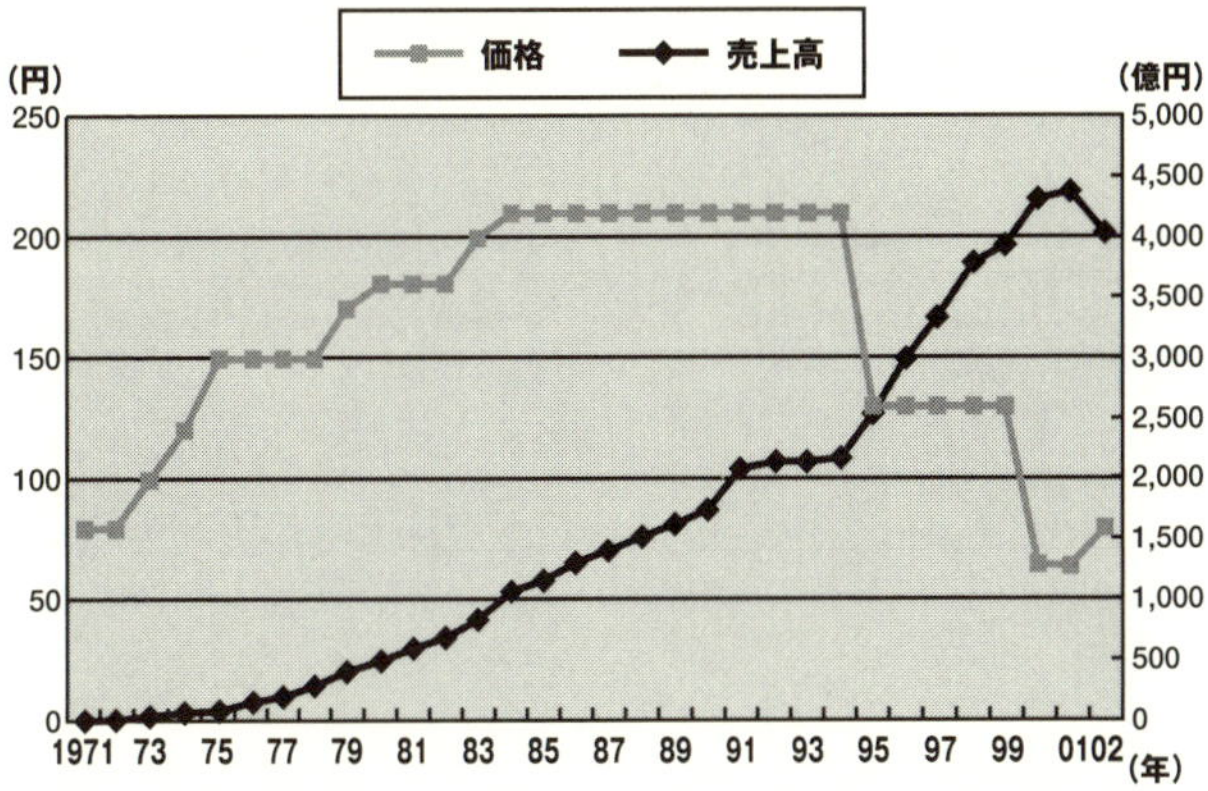

●図表2-2● マクドナルドのハンバーガーの価格と経常利益の関係

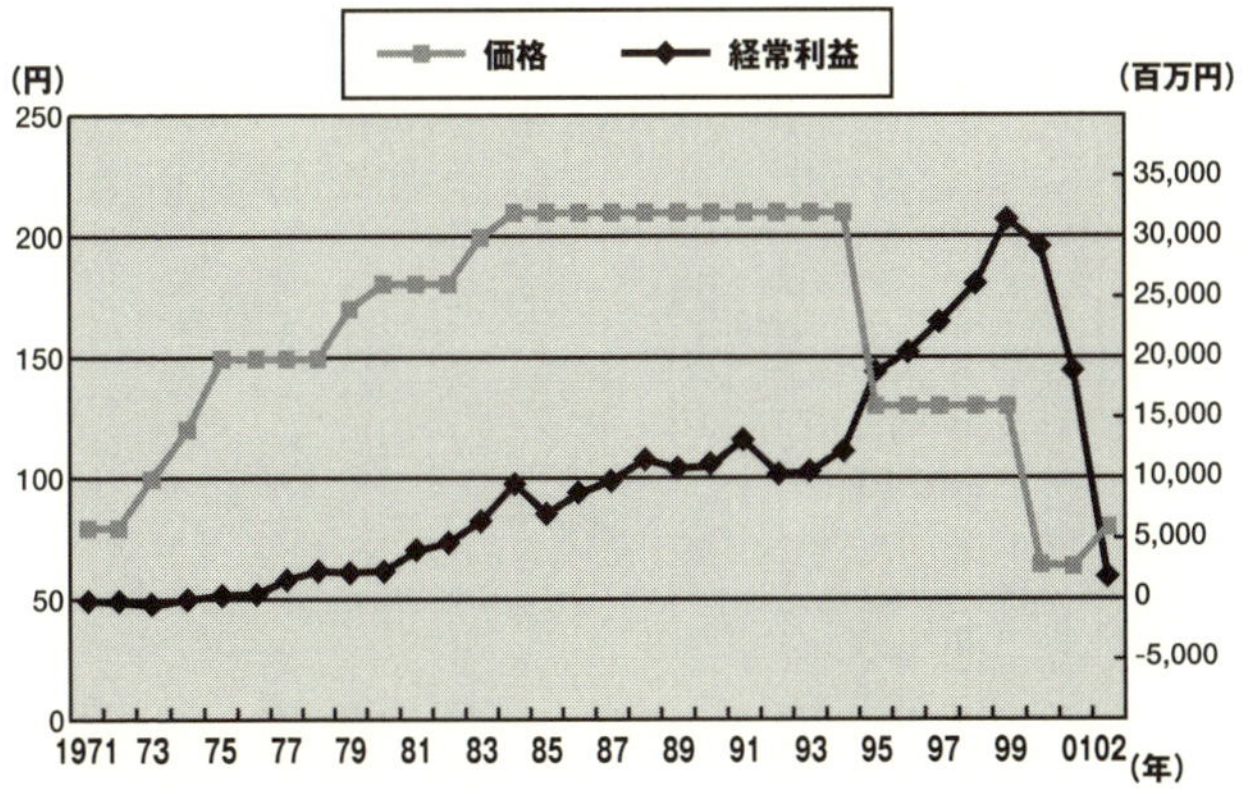

出典：日本マクドナルド株式会社のホームページ資料をもとに作成。

可能性もある。

そのため、勢いのある企業、これからも業績を伸ばしつづける企業である印象を与えるために、無理をして業績アップを至上命題とした経営がなされていたのではなかろうか。そして、その方法としてもっとも手軽なものが「値下げ」であったため、上場までこの値下げ戦略で邁進し、上場という目的を果たした後にやっと長期的戦略に立ち返って信頼構築、ブランド構築を考えるようになったのではないかと推測するのは、考えすぎだろうか。こういった事情も、値下げ戦略の負の部分を大きく長く引きずる要因になっている可能性がある。

マクドナルドは、二〇〇二年から値下げ戦略をやめ、値上げに踏み切り、二〇〇三年に入って方向を大転換した。二五〇円のスモークビーフサンド、二二〇円の南仏風ラタトゥーユサンドなど、低価格路線とは一線を画した新商品群を発売した。高価格帯の商品を充実させることで、客単価を上げる戦略に変更したのだ。

店舗そのものも、「量から質」に転換し、立地特性にあわせた店舗パターンを開発している。マックパルという英語教室を店内で始めるなど、低価格ではなく付加価値で客を呼び戻そうと必死になっている。新体制のもと、ぜひ新たな飛躍を期待したい。

戦略の新機軸を打ち出せなかったモスバーガー

同じくハンバーガー業界の大手、モスバーガーのケースを見てみよう。モスバーガーはマクドナルドに比べて高価格帯を維持し、つくりたて商品とメニューの多様化戦略で売上と店舗数を伸ばしてきた。しかしマクドナルドや吉野家、ガストなど外食産業の値下げブームの影響で、一九九六年から九八年にかけて、売上、店舗数、経常利益のすべてが減少してしまった。

そこでモスバーガーが巻き返しのために打ち出したのが、九七年七月の「新価値宣言」だった。有機野菜を使うなど品質を向上させ、商品の値上げを行なった。

ところが、店舗や設備に金をかけたにもかかわらず、売上は伸び悩んだ。店舗の新設備費用等が回収できないFC店のオーナーからは「新たに投資した費用くらいは返してほしい」との声が相次ぎ、組織的にも大きなダメージを負ってしまった。さらに、起死回生を図るべく翌年にも同様のキャンペーンを行なったものの、再び失敗。とうとう九九年にはマクドナルドに追随し、低価格商品を導入してしまった。

モスバーガーのファンは、価格ではなく、品質やサービスに期待している人が多いので、当然この低価格商品や値下げの効果は薄く、主力商品の値下げにもかかわらず売上は減少を続けてしまった。それは図表2―3と2―4のグラフを見ても明らかだ。

これら一連の流れから見えるモスバーガーの失敗の原因は、自社の強みと消費者の期待を見誤ったことにある。安易にライバルを追随し、その結果、自社のポリシーを見失ってしまったのだ。

売上がなかなか伸びず、新しい成長カーブを模索し新しい流れに乗ることができないときに、安易に業界最大手の後を行く低価格路線という下向きの流れに乗ってしまった。まんまと相手の土俵に乗ってしまった格好である。

これは、顧客が安さではなく別の価値を求めているのに、安さで売ろうとして失敗した例である。元々「つくり置きをしない」「新鮮な素材」「日本で生まれたハンバーガー」という高級路線やイメージが売りだったモスバーガーだけに、低価格イメージからの脱却にはマクドナルド以上に労力と時間を要するだろう。そういった自社の強みの自覚や消費者がもつイメージを忘れ、ライバルの動向や株価、目先の業績に目を奪われるようであっては、施す策はすべて裏目に出る。モスバーガーの事例は、このことをわれわれに訴えているように私は感じる。

●図表2-3● モスバーガーのハンバーガーの価格と売上高の関係

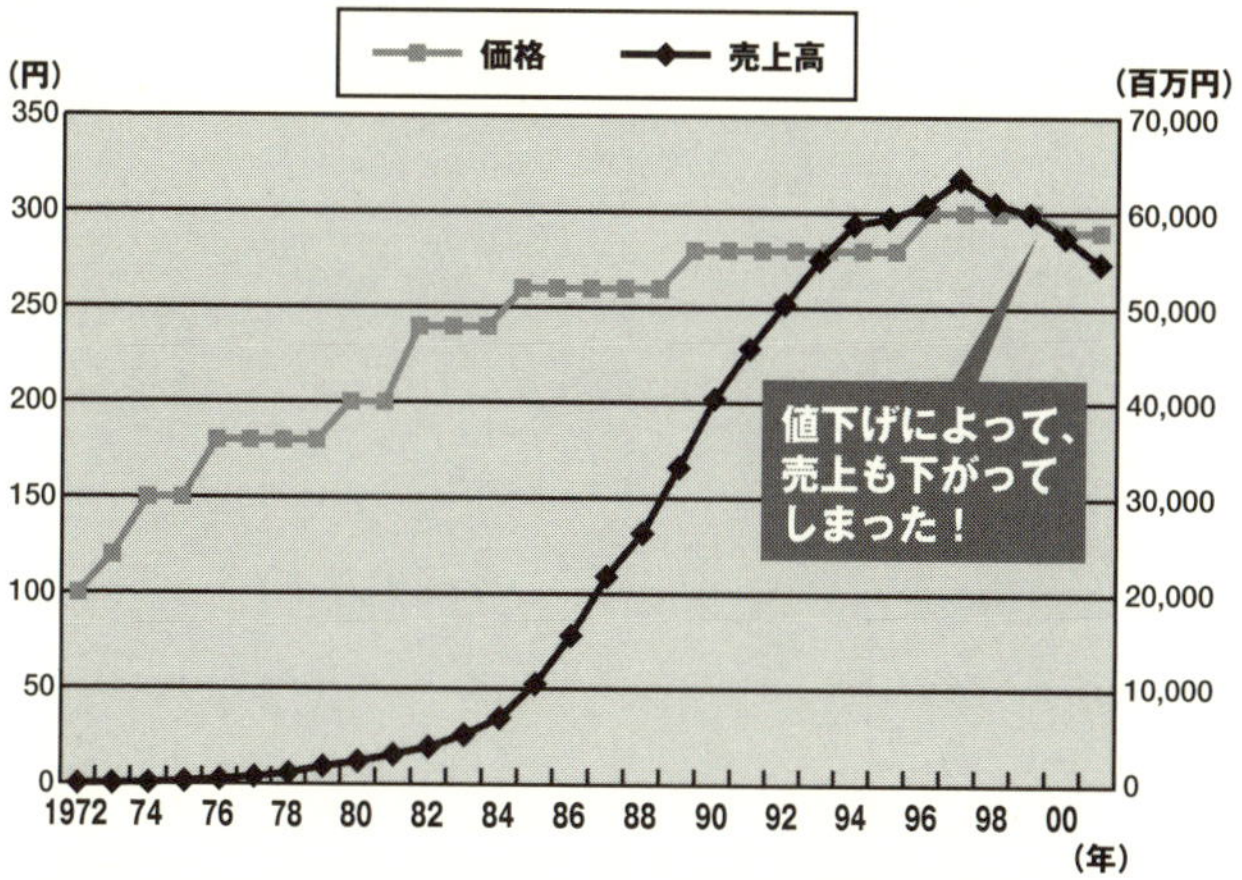

●図表2-4● モスバーガーのハンバーガーの価格と経常利益の関係

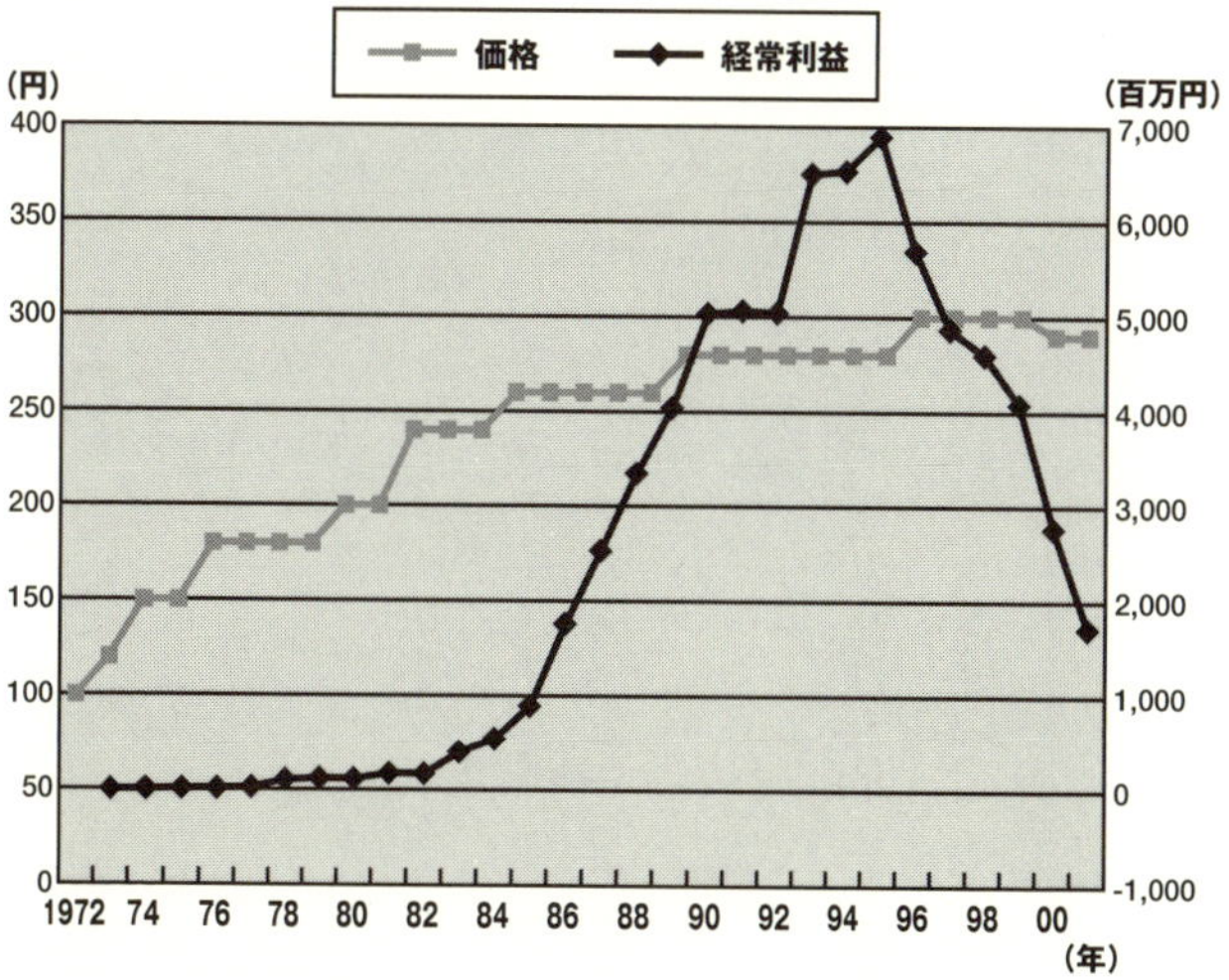

出典：株式会社モスフードサービス広報部より提供の資料をもとに作成。

巧みな「ブームリバイバル」戦略

戦国時代のようなハンバーガー業界のなかにあっても、立派に、新しい〝波に乗る経営〟を成し遂げた企業がある。モスバーガーとは対照的に、見事に新しい成長カーブを描いたのがフレッシュネスバーガーである。

フレッシュネスバーガーは、九二年に創業した後発のハンバーガーチェーン店である。味重視路線を徹底し、個性的なメニューや駅前を避けた立地など、かつてのモスバーガーと似た特徴をもっていた。いわば「ブームリバイバル」戦略で成功したわけだ。

二〇歳代、三〇歳代の女性客にターゲットを絞り、モスバーガーの店舗をさらに洗練した独自の統一感のあるお店を展開している。図表2-5のグラフにあるように、モスバーガーの業績の凋落を尻目に、そのシェアを食っていった格好である。

その業績は、見事にモスバーガーに反比例している。五年間で売上高は五倍、店舗数は一〇〇店を超えている。まさしくモスバーガーがつくり上げた「できたて」「手づくり」「つくり置きしない」「新鮮」などのブームを、いわば上手にリバイバルして成功を成し遂げた事例だ。

この業績もさることながら、フレッシュネスバーガーのすばらしさは、その経営哲学に

●図表2-5● モスバーガーとフレッシュネスバーガーの売上高の比較

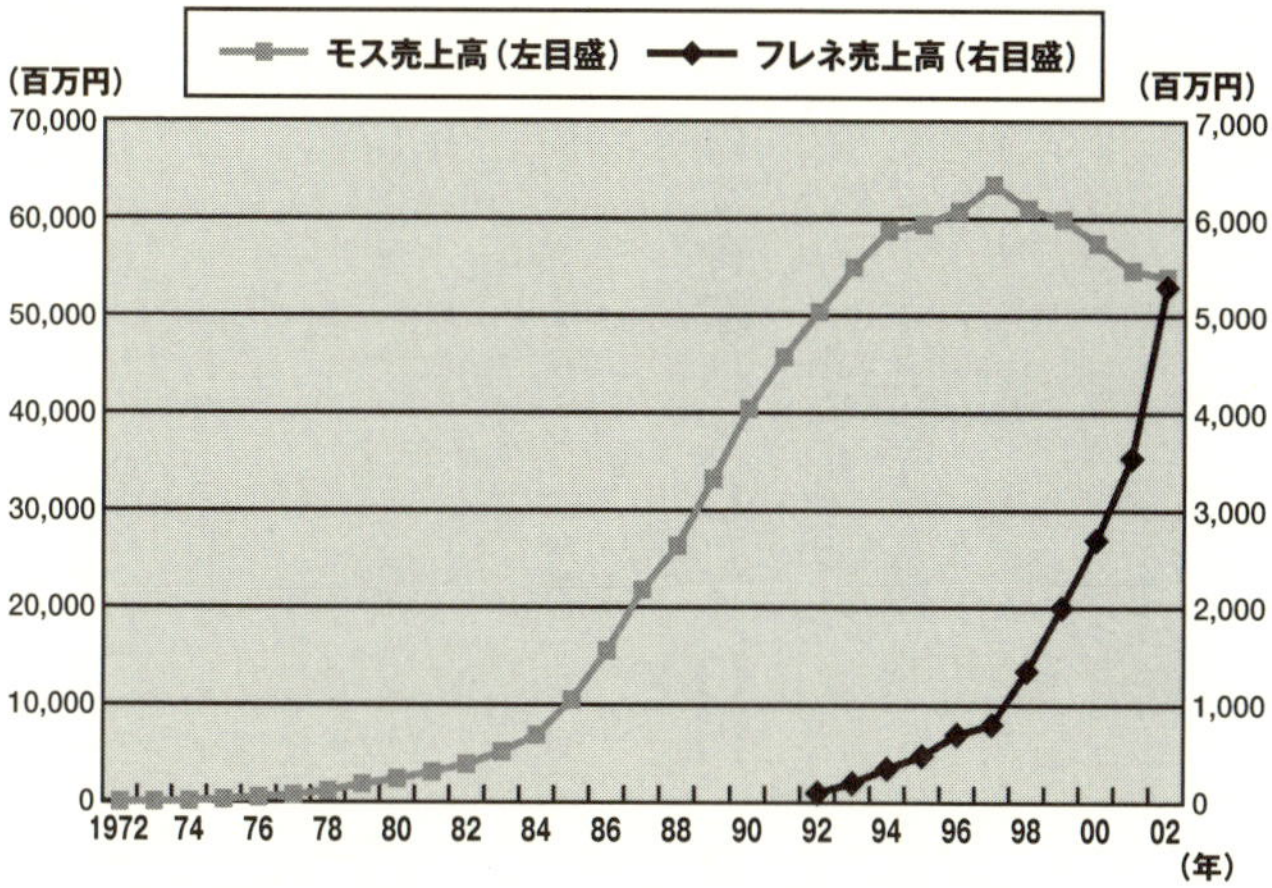

出典：株式会社モスフードサービス広報部、および株式会社フレッシュネスバーガー広報部より提供の資料をもとに作成。

あると言える。それは、「二〇〇店舗以上は店舗数を増やさない」という戦略だ。その理由を栗原幹雄社長はこう語っている。

「加盟店とのコミュニケーションを保つには二〇〇店舗が限界。また、すべての人に好かれる店というのも不可能だ。ハンバーガー業界でマクドナルドを抜くなんて、いまさらありえない。むしろこれだけマックが普及すれば、相当数のアンチ・マックがいるだろう。そういう人のための店という意味でも、二〇〇店くらいが妥当だ」（『週刊ダイヤモンド』一九九九年二月六日号）

自分の会社はどの客層を相手に売り

たいのか。それを明確にしたうえで、どうすれば客層が求めるサービスや商品が提供できるか。それに相応しい価格帯はいくらなのか。フレッシュネスの戦略は明快だ。安いハンバーガーを求めるお客は相手にしないというわけだ。

低価格化が起こるのは、業界が成熟期に入った証拠でもある。そこからは新たな戦略、新たな個性をもった会社が新しい成長カーブを描きはじめる。サーファーが上手に波に乗るように、フレッシュネスバーガーは新たな成長の波に乗ることに成功したが、モスバーガーはその波乗りができなかったようだ。

吉野家とすき家は同じ二八〇円。だから戦略が違う！

値下げ合戦で業界が混乱しているもう一つの代表例が牛丼業界だ。牛丼最大手の「吉野家」は一九八〇年に拡大路線が災いして倒産したが、八三年にはセゾングループの支援によって会社再生をスタート。八七年には当初の予定よりも早く更生計画の債務を完済した。その間、客数、店舗数は増え、売上も回復し、九〇年には株式公開も達成している。ところが二〇〇一年秋から株価が低迷、二〇〇二年四月には再び上昇に転じたものの、九月からは急落が続いた。一方、ライバルのすき家の株価は一貫して上昇傾向にある。

●図表2-6● 吉野家とすき屋の牛丼価格(並)と売上高の推移

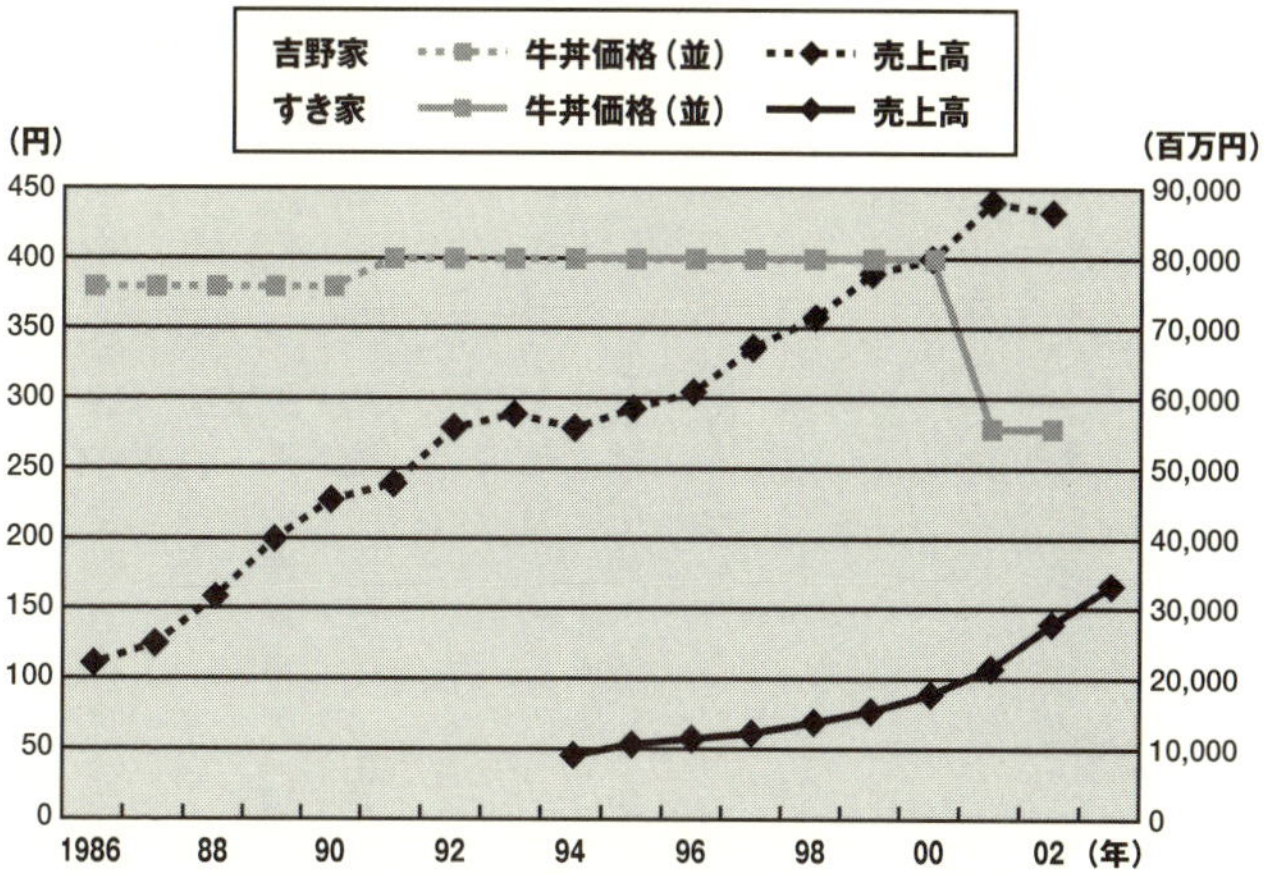

●図表2-7● 吉野家とすき屋の牛丼価格(並)と経常利益の推移

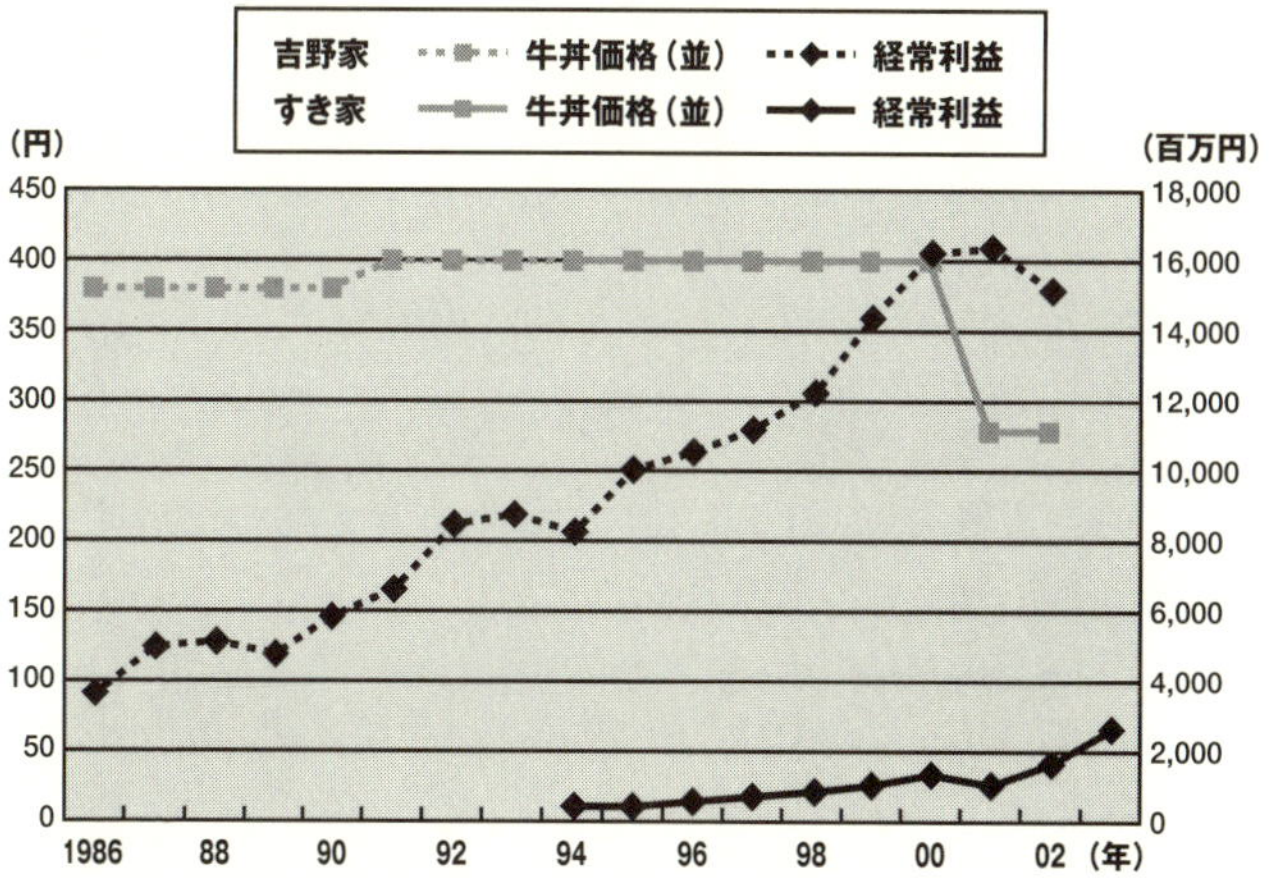

出典：株式会社吉野家ディー・アンド・シー、および株式会社ゼンショーより提供の資料をもとに作成。

いったい両社の差はどこにあるのか。もちろん、株価は業績をそのまま反映するものではない。企業規模も片や年商九〇〇億円近くを誇る吉野家、対するすき家は年商三三〇億円程度。利益も吉野家はすき家のざっと六倍をたたき出している。しかしながら、この株価の動向には何らかの要因があるのは確かだ。価格戦略という観点から両社を見てみると、そこには見事に戦略の違いが見受けられる（図表2−6、2−7参照）。

牛丼（並）の値段は、吉野家もすき家も同じ二八〇円。ところが、メニューを比較すると両社の違いがはっきり見えてくる。吉野家は牛丼の単品勝負で、定食が少ない。

それに対し、すき家は牛丼のほか、キムチ牛丼、うな丼、山菜しめじ丼など、メインの丼ものだけでも選択肢が多いうえに、サラダやとん汁とのセットメニューがいくつも用意されている。カレーのセットやハンバーグ定食、お子様セットもあり、ファミレス並の豊富な品数である。

このメニューからわかるのは、すき家にとって牛丼の格安戦略は客寄せ商品という位置づけであるということだ。その裏には豊富なメニューがあり、安い客寄せ商品との複合効果で売上を伸ばす。複数商品で勝負することによって、牛丼の低収益をカバーし、利益を上げているのだ。

スーパーにたとえれば、すき家は目玉商品で集めた客にいろいろな他の商品も買ってもらっている。一方、吉野家は目玉商品のほかにあまり売るべき商品がない、という具合だ。こういった商品構成、商品点数の差が、将来の期待という形で株価の差となって現われているのかもしれない。あるいは、BSE（いわゆる狂牛病）の影響もあって、株式市場は牛肉依存度が極端に高い吉野家のビジネスモデルを敬遠しているのかもしれない。二〇〇三年一二月に発生した米国産食肉牛のBSE感染に伴う営業時間短縮や牛丼販売の縮小、牛肉を使わない新メニューの緊急投入など一連の動きがそれを象徴している。その点、たしかにすき家はリスク分散が昔からできていた。そういった点もプラスに働いているのだろう。

いずれにしてもこの牛丼戦争では、二八〇円という価格は主な争点ではないことがポイントである。両社とも多少は相手の動向を気にしているだろうが、基本的には自社の理念、哲学に忠実に従い、消費者が自社に求めていることを十分に理解し、それに応える経営を行なっている。相手を気にしすぎて度重なる追随値下げをするような安直な経営は行なっていない。この点が他の外食産業との最も大きな違いだろう。事実、これら二社に、安易に価格だけで追随した同業他社は苦戦を強いられている。

ここまで見てきたように、すき家の強みは、牛肉依存度を低めたリスク分散と商品点数の多さに対応できる柔軟な運営による将来性だろう。それが株価にも勢いとなって表われているようだ。ただし、吉野家には、決してすき家に真似のできない強みがある。それは、「熱狂的なファン」の存在と、先行者メリットである「立地の優位性」である。

吉野家に熱狂的なファンがいることはよく知られている。一九八二年創業のすき家に対し、吉野家には一八九九年創業という一〇〇年以上の歴史があるからだろう。それがそのまま熱烈なファンを生み、また、古くから商売をやっているからこそ、有利な場所に先に出店して店を構えているということでもある。

もちろん、商品点数を少なくし、よりお客様が求めている「うまい、やすい、はやい」に応える効率経営を行なっている点も見逃せない。利益を目的とせず、リピート来店を重要視した「客数増加主義」の経営理念。それらの結果は、すき家の倍近い利益率の高さとなって表われている。

他社よりも高い価格で勝負する戦略企業

そして最後に、この牛丼戦争を見事にすり抜けてきた戦略企業がある。それが「松屋」

だ。松屋は一九六六年に創業、九〇年には株式を公開し、今では東証一部上場企業となっている。その価格戦略は立派の一言に尽きる。それは何かというと、最初に牛丼の価格戦争を仕掛けておきながら、ライバルの吉野家、すき家がそれを上回る価下げをしたにもかかわらず、最終的には彼らよりも高い価格で勝負しているということだ。

追随値下げは行なわない。最大のライバルである吉野家、すき家より少し高い価格で止める。いわば「寸止め値下げ」というわけだ。具体的には、松屋は牛丼の価格を四〇〇円から二九〇円へと他社に先がけて値下げした。その後、吉野家、すき家が二八〇円にしたにもかかわらず、後追いをしなかったのだ。そう、吉野家、すき家よりも一〇円だけ高い。

そして、「みそ汁」を初めから牛丼とセットにすることによって「お得感」を演出し、価格ではなく中身でその価値をPRしている。単にライバルを気にしたり、プライドを全面に出した経営であれば、同じ価格にするか他社よりも安い価格にしているはずだ。松屋がそうしないのは、「価格だけで戦争をしてはいけない」という考えがあるのだろう。価格戦争というのが、勝者なき泥仕合になるのを見越しているのではなかろうか。だからこそ、みそ汁をセットにして、一〇円だけ高い「寸止め値下げ」にとどめているのだろう。

そして牛丼だけにとどまらず、カレーからトマトハンバーグ、豚の生姜焼きなど幅広く品揃えを行なって消費者ニーズに応え、リスク分散もする。この見事な戦略が功を奏してか、競争激しい外食産業のなかにあって、四年連続の増収を達成している。

牛丼業界は、単なる価格戦争では破綻をまねくことを各社理解しているのだろう。対抗値下げをしているように演出することで、安さやお得感を消費者へアピールすることもきちんと実践しながら、実際には、各社独自の企業理念をしっかりと追求し、それぞれ個性ある店づくりを行なっている。これは、お互いに足を引っ張ることなく成長し、目先の価格戦争に踊らされない理想的な状態と言えるのではなかろうか。

ハンバーガー業界と牛丼業界。どちらの業界からも「低価格だけでは生き残れない」ことが読みとれる。大企業ですらそうであるわけだから、われわれ中小企業であればなおさらのことだ。あなたが事業で成功したいと思うのなら、そういった自覚が、これからの時代には求められることを理解しなければならない。

「エサ、おかず、ごちそう」──あなたの価格帯はどれ？

値下げ戦略をはじめとする価格競争は、外食産業がもっとも激しい。値上げするも地獄、値下げするも地獄で、経営の舵取りに四苦八苦している経営者は大勢いるだろう。私もそういう苦悩を経験したことがあるから、その悩みはよくわかる。

しかし、そういうなかにあっても価格競争に巻き込まれず、成功を収めつづけている地方のベンチャー企業がある。価格競争が最も激しいと言われる外食産業の成功例だが、この企業の価格設定に対する考え方はどの商売にも共通している。あなたの商売でもすぐに応用できるはずだ。そこで、その話にちょっと触れてみよう。

世の中の価格というのは、実は三つの価格帯に分かれている。

一つ目は、エサを口にするかのごとく価格を気にせず、気軽に消費できる「エサの価格」。二つ目は、ごはんのおかずのように、日常的で当たり前になっており、消費者が目新しさを感じることができない「おかずの価格」。そして三つ目は、たまに食べるごちそうのように、毎日食べることはできないが、ちょっと無理してでも二、三カ月に一度はありつきたいと思う「ごちそうの価格」。この三つである。

世の中にはこの三つの価格帯があるが、当然それぞれの価格帯は消費者にもきちんと受け入れられている。どれが正解というわけではない。ただ、ここで重要なのは、**あなた自身やあなたの会社が、どの価格帯でビジネスを展開していきたいか**、ということだ。それをこの三つの価格帯になぞらえて考える必要がある。

この話は、「ヌルボン」という高級焼き肉店をチェーン展開する株式会社綱屋の萩原正綱社長からうかがった話である。外食産業の勝ち組として、最近では某大手食品メーカーの経営陣も視察に訪れるほどの注目を浴びている、グループで年商三〇億円を誇るベンチャー企業だ。

この萩原社長が価格戦略を考える際に常に念頭に置いている先ほどの三つの価格帯についてのお話をもとに、私の経験から具体的な話を進めていこう。一つ目の「エサの価格」とは、ちょっと聞こえは悪いが非常にわかりやすい。いわゆる低価格路線のことで、一食が五〇〇円のワンコインでもおつりがくる価格帯だ。

低価格戦略を突き進むお店はこの部類だろう。それは、「いつでも気兼ねなく、お金を気にせずに食べられる」というコンセプトで成り立っている。値段が安いからお客も大勢来る。来店頻度も上がる。しかしその分、短期間で飽きられてしまうリスクがある。安いだけが取り柄のままでは短命なのだ。

そのため、常に新しいお客様を求めつづけるか、常に目新しい「驚きの価格」を提供しつづけることが、この価格帯で勝ち抜く秘訣となる。この価格帯で生き残るのはかなり厳しい。お気楽で、味気ないイメージを植えつけてしまう危険性がある価格帯だから、簡単に飽きられてしまうのだ。

そのお店に行くこと自体はイベントでもなんでもない。**安いから行っているだけ**だ。だから常に新しい「驚き」を「低価格」によって演出していく必要がある。そういう努力をしても、この価格帯ではなかなかブランド力をもつまでにはいたらないのがほとんどである。

次の価格帯は「おかずの価格」。これは、普通のファミリーレストランや食堂のことだ。高くもなければ安くもない。**どちらともつかない中間層の価格帯**というわけだ。実は今、ほとんどの外食産業が、この「おかずの価格」に分類される。あまりにも競合が激しいため、ジレンマに陥っているのだ。

例えば先日、本書の打ち合わせでファミリーレストラン大手のロイヤルホストへ行ったのだが、愕然としてしまった。コスト削減努力で、できるだけ低価格にしようと努めているのはわかる。しかしその結果が、ドリンクバーに始まり、おしぼりやお冷やまでもがセルフサービスになっていたのには驚いてしまった。と同時に、郷里が同じ地元企業として悲しくなってしまった。

これでは恥ずかしくて仕事の打ち合わせにも使えない。それでいて、ワンコインではランチも食べられない。だが、特別に高級だということでもない。中途半端なのだ。どっちつかずの中間層。にもかかわらず、高級感を演出しようとしている。それがまた中途半端な状態に拍車をかけてしまっている。この中間価格帯である「おかずの価格」というのは、消費者の立場から見れば、**そのお店に行く理由がない価格**となってしまう傾向が強いのだ。

その点、同じファミリーレストランでありながら、おかずの価格帯特有の中途半端さを払拭しているのが「ジョイフル」だ。ジョイフルではランチが三九九円。ドリンクバーは五〇円だ。低価格ファミリーレストラン大手のガストよりも、さらに低価格を徹底している。ここまで安くなると、価格だけを見ればもはや激安価格であるが、料理の味や店づくりやサービスは通常のファミリーレストラン・レベルであるから消費者の満足度は高い。価格はエサの価格でも味やサービスや店づくりはワンランク上のそれを提供しているからだ。

もはや中途半端ではない。「安い」けれども「ファミレスのサービス」という店舗運営そのものが驚きを演出している。これこそジョイフルが伸びている要因だろう。大分県の地方企業でありながら、五年連続増収ですでに年商は五〇〇億円を超え、全国に六〇〇店舗以上を展開するまでになっている上場企業だ。

そして、最後に「ごちそうの価格」。これは、先ほどの高級焼肉店「ヌルボン」が採用している戦略である。**ちょっと無理してでも食べたいと思う価格帯**。一カ月や二カ月お小遣いを我慢して、二カ月に一回でもいいから**贅沢をしに行ってみたいと思わせる演出と非日常性**。そして高級感。

われわれ中小企業が狙うべきはこの価格帯だ。なぜなら、個性を打ち出しやすいから他社との差別化が図りやすい。また、この価格帯は客層がいい。いい客層は、お金をもっているし、支払いもちゃんとしてくれる。礼儀も正しいお客様だ。ファミレスのように若者がたむろしてガヤガヤするようなことがなく、店内もきれいで高級感をかもし出せる。

当然、それに見合うだけのサービスと商品を提供しなければならないが、高価格戦略が実践できる価格帯であるから粗利が高い。だからこそ、味はもとより、食材選びや店づくり、人材教育にまで思い切って投資をすることができる。そして、それらによってお客様がリピーターになって、繰り返し来店してくれるという好循環のサイクルをつくり出せる価格帯が「ごちそうの価格」である。

この価格帯の特徴は、上場するような大規模展開をしているところは稀で、地域密着型で十分儲かっている店が多いことだろう。まさしく、われわれ中小企業が目指すべき価格帯である。

価格戦略で成功するためには、あなた自身がこの三つの価格帯のどれを目指したいのかを最初に決めないといけない。ところが、ほとんどの経営者は漫然と価格を決めて、いわゆる「おかずの価格帯」のなかで右往左往しているのが現状だ。おそらくこの本を読んでいるあなたも、そうではなかろうか。

価格には「品質表示機能」がある

安すぎたら嫌われる

「安ければ売れる」という常識が、現実にはまったく通じないことがおわかりいただけただろうか。次にみなさんに知っていただきたいのは、価格のもつ機能についてである。

価格のもつ機能、それは「品質表示機能」だ。

価格には、下は「安すぎて信頼がおけない」という価格帯、上は「高くて嫌だ」という価格帯がある。ところが価格戦争に巻き込まれている経営者の多くは、価格を安くしすぎると、消費者が「安すぎて怪しい」「品質が不安だ」とイメージすることを認識していない。

例えば、「通常一五万円の浄水器が、今キャンペーンで三万円」とか「家庭教師が月六八〇〇円」「新車の四駆が三〇万円」「永久脱毛一生保証で五〇〇〇円」と言われても、お客様は安いという理由だけで飛びつくだろうか。答えは明白、「ノー」である。これらはどれも、安すぎて品質が不安だと消費者は認識してしまうのだ。

「安くすれば売れる」というのは、顧客感情を無視した売る側の思い込みにすぎない。価格のもつ品質表示機能を理解し、顧客感情にあった価格を設定することが大切なのだ。

わかりやすい例をあげよう。実は私は中学時代から目が悪かった。悪かったといってもただの近眼なのだが、中学生でめがね、高校生になってからはコンタクトレンズを使うようになっていた。裸眼視力は〇・〇三と〇・〇一。視力検査ではいつも三歩くらい線から前に歩いていって、やっと一番上のCが見えるといった具合だった。

コンタクトレンズとは、かれこれ一五年くらいのつきあいがあったが、煩わしいといったらない。ゴミが入ったりしたときは最悪だ。そうでなくとも最近はパソコンで仕事をすることが多いから、余計に乾燥してドライアイの症状すら出ていた。そういった事情もあって、つい先日、私は近眼手術を受けてみようと決心した。

タクシーのなかのチラシによくある、「レーシック（ＬＡＳＩＫ）」という近視矯正手術だ。レーザー光線で角膜を切り、屈折率を矯正することで視力をよくする方法だが、角膜に傷をつけるのだから、やはり怖い。前々から興味はあったが、さすがに踏ん切りはつかなかった。

このレーシック手術が、「通常五〇万円なんですけど、今なら半額の二五万円でいいです」と言われたら、あなたはどう思うだろうか。「じゃあ、この機会に安いから手術を受けてみよう」という人は稀で、多くの人は「安すぎて不安だから、やめておこう」と思うに違いない。安いのはいいが、間違って失明でもしたらたまったものではない、という感情が働くからだ。その品質を保証する後ろ盾が、「価格」となって消費者の感情に働きかけているわけだ。

結局、私は知り合いがレーシック手術をして快適になったという話も聞き、その後手術を受けた。定価どおり五〇万円の眼科で手術を受けた。実際の手術は両眼一〇分程度で終わるわけだから、まさしくこの値段は安心料だ。安いけりゃいいってもんじゃない。

今では、裸眼視力でそれぞれ一・五以上になっている。術後約一年が経つが、特に事後も問題は発生していない。精神的にも「五〇万円払ったんだから、問題なんかあるわけないさ」という感情も働く。

もし、半額のところで手術を受けていたら、手術とは全然関係のない不具合が目に発生した場合でも、「やっぱり安かったからじゃないか……」と一生不安なままに過ごすことだろう。その不安から、関係ないことまで手術が原因じゃないかと勘違いして、クレームを言い出すかもしれない。

このように価格というのは、購入後の安心感をもつくり出す機能があるのだ。

［コラム］　地方で成功したビジネスモデルは全国展開しやすい

レーシック手術は、ライフサイクルでいえば、今やっと成長期に入ったという段階だろう。私がそう判断しているのは、福岡市にレーシックを行なう眼科ができはじめたからだ。なぜ福岡に進出しはじめたことが成長期に入ったというシグナルなのか。

少し脱線するが、これも事業経営のうえで大変参考になると思うので、少し説明しておこう。

日本で新しいビジネスを始める場合、まず東京から展開する場合がほとんどだ。しかし、実は成功する確率が意外と高いのは、地方から発生したビジネスモデルである。例えば私の故郷福岡からは、ベスト電器、ロイヤルホスト、ブリヂストン、ゼンリン、ピエトロなど、田舎で成功したビジネスモデルを全国に展開して成功している企業が多い。他の地方都市からも、こうした企業はたくさん出ている。

それと同じで、東京でうまくいった会社が次にどこへ店を出すかといえば、賢い経営者は福岡や札幌に飛ぶのである。大阪、名古屋ではない。それはなぜか。はっきりしたことはわからないが、福岡と札幌は典型的な支店経済の街だ。人口もせいぜい一〇〇万人ちょっと。東名阪地域に比べれば圧倒的に規模は小さいが、商売をやるには十分な大きさだ。つまり、そういった市場でうまくいくビジネスであれば、他の大都市圏でも十分に成り立つ商売だというヨミが立つわけだ。また、東京―札幌、東京―福岡というのは飛行機の便数も多く、人の行き来も比較的便利がいい。年間の航空機旅客数の世界第一位と第二位が東京―札幌、東京―福岡路線である。

こういう事情もあり、最近では、ビックカメラやヨドバシカメラなどの大手家電量販店や外食産業などが、なぜだか先に福岡や札幌に出店してから、大阪、名古屋へと展開している。いきなり大阪、名古屋等の大都市に進出するよりも地代や人件費コストも安いので、店舗運営のオペレーションや人材教育のノウハウづくりなどでも重宝するからではなかろうか。

そのノウハウを地方でつくり、全国へ横展開していく。もちろん、小さい市場で成功すれば、それは全国どこへ進出しても成功するビジネスモデルになり得るという採算上の計算もある。

レーシック手術を行なう眼科が福岡に進出しはじめているということは、この商品がこれから全国へ広がっていく予兆であるといえる。いわば、成長期に入ったという一つのシグナルだ。ということは、これからレーシックは本格的な価格競争に入る可能性が高い。今はまだ保険の適用外だが、今後保険が効くようになることも想定される。そうなれば、一気に価格競争になってくるのは目に見えている。

賢い眼科医院のなかには、すでにそれを見越した戦略を立てているところがある。例えば東京都墨田区にある錦糸眼科は、技術的に独自の工夫を加えて「レーシックを超えたレーゼック」という技術をうたい、あえて違う土俵をつくっている。これならば、レーシック手術が価格競争に陥っても、「うちは違う。だからこの値段なんです」と言えるわけだ。われわれも見習うべき、非常にうまい戦略である。

価格戦略をもつためのポイント

いつまでも同じ価格では生き残れない

これまでの失敗と成功の実例を見てきて、敏感な人は、価格を変更するタイミングの重要性に気づいたことだろう。

そう。適正な価格は、その商品がライフサイクルのどの時期にあるかによって大きく異なってくる。一般に商品は、導入期、成長期、成熟期を迎え、そして新たな成長期あるいは衰退期へと向かう。成長期には全体の価格が下がってくるが、この時期は販売数を拡大し、売上と利益を最大化することができる。

だが成熟期には、小さなパイを多数の業者で奪い合うことになり、価格競争に拍車がかかる。ここでさらに値下げに進んで「負のスパイラル」に陥るか、付加価値をつけた商品やサービスで新たな成長期に入るかで、運命が大きく分かれることになる。

ポイントは、今の日本経済ではほとんどの商品が成熟している商品だから、そこで安直に値下げをしてしまうと、値下げの悪循環に陥ってしまうということだ。そこであなたがとらなければいけない行動はズバリ、値上げである。市場が成熟しきってしまっているからだ。

成熟期に入っていない商品は、ライフサイクルに応じた価格戦略が必要となるが、そういう商品は稀である。あったとしてもビジネススピードが異様に速くなってきた昨今、早晩成熟商品となってしまうから、付加価値をつけた値上げの戦略を考える必要が出てくるわけだ。

注意しなければならないのは、現在は商品のライフサイクルがどんどん短くなっていることだ。昔なら五年、一〇年価格を変えなくても大丈夫だったかもしれない。ところが今では、三年もった商品が、半年ももたなくなっている場合もある。

この短いライフサイクルの変化に対応し、自分が扱っている商品は今ライフサイクルのどの時期にあるのかを直観的に見極め、価格を変えていかなければ、お客様を取り逃がしてしまうのだ。悠長に価格変更をしないまま商売を続けていれば、お客様をライバル会社に奪われても仕方がないのである。

そのことが顕著に表われているのが、インターネットの世界である。インターネットの特徴は、お客様がほとんど労せずして価格の比較検討ができてしまうことだ。「価格ドットコム」などという、各種商品の価格比較を専門に行なうサイトもあり、それこそクリック一つで一番安い店を探すことができる。電気製品や日用品であれば、どこで買っても品質に差がないのだから、消費者が「インターネットで価格を調べて、一番安いところに買いに行けばいい」と考えるのは当然だ。

それだけに、インターネットで商売をしている会社は、価格変更が非常に速い。三カ月に二回、三回と価格を変更しなければならないこともある。そのスピードについていけなければ、とたんにお客様をライバルにとられてしまうことになるのだ。

なぜ価格を変えられないのか？

ところが多くの経営者は、どういうわけか一度決めた価格を変えようとしない。「エイッヤー！」で決めた価格、「まあいいか、このぐらいでいこう」と決めてしまった価格が定着すると、その後、ずっとその価格を守ることになるのだから、考えてみれば奇妙な話である。なかには数年前、数十年前の創業時から、同じ価格をずっと続けている場合だってある。ちなみに、この「いったんつけた価格を変えない」という傾向は、日本独特のものだそうだ。諸外国では柔軟に価格を変更させる場合が多いという。

あなたがずーっと同じ価格で販売しつづけている理由は簡単だ。それは「値上げしたら売れなくなるかもしれない」という不安があるからだ。一度決めた価格を上げる決断ができないだけなのだ。別に理論だった理由があるわけではない。ほとんどのケースは怖くて値上げができないだけで、本来、顧客が納得できる価格帯よりも安い金額で売っていることが少なくない。本当に今の価格でいいのか。「エイッヤー！」で決めた価格を、まず疑ってみるべきだろう。

通常経営者が行なっている自社商品の価格決定には、実はもっと大きな見えない要素が隠されている。これは本書監修者の神田昌典氏が発見した共通項であるが、経営者が自社商品の価格を決める場合、往々にしてそれは、社長自身が過去に販売したり、携わったりした商品の価格に近いということだ。

自分が今までに売ってきた商品の価格を思い出してみてほしい。ビジネスの世界に入って、初めに売った商品は何だったか。次に売った商品は何だったか。その価格はいくらだったか。そして多くの人は、そこで扱っていた商品の価格帯で一生販売を続けることが意外と多いのだ。

例えば、宝石店や呉服店、車、住宅など高額商品を売っていた人は、安いものを売ることができない。逆に干物を扱った人は、永遠に干物の価格帯、一〇〇〇円前後の金額の商品を売りつづけるという傾向がある。

あなたも思い当たる節がないだろうか。人間には、一度その価格帯に慣れてしまうと、まったく種類の違う商品であっても、同じ価格帯での販売を繰り返してしまう習性があるようだ。そう考えたとき、今あなたが扱っている商品はその商品の機能や特性、メーカーやあなたの会社のブランド、付加価値などからして安すぎる場合があるかもしれない。

商売から得られる利益を考えたとき、やはり価格が低く、粗利が少ない商品を扱っていると経営は苦しくなる。同じような年齢、教育レベルで、同じように一生懸命働いたとしたら、低価格帯で粗利が二割、三割の商品を扱うより、高価格帯で粗利八割のビジネスをしている企業のほうが、圧倒的に儲けは大きい。当たり前すぎるほど当たり前な話だ。ちょっと自分の価格決定のプロセスを思い返してみるといいかもしれない。

どうせなら、利益の大きい高価格帯を狙え！

すでに見てきたように、今、世の中のあらゆる価格は二極化してきている。一つは値下げによる安さの追求、一つは値上げによるブランド化である。それぞれターゲットとなるのは、「とにかく安いほうを買う」という顧客と、「高くても品質のよいものを買う」という顧客だ。

低価格競争が利益の悪化をまねき、経営を行き詰まらせることはすでに見てきたように明らかだから、あなたの目指すべき方向性は後者、つまり「高くても品質のよいものを買う」というお客様をターゲットに商売を行なう必要がある。

とはいえ、単に価格が高いだけでは、お客様が離れていってしまう危険性がある。大切なのは、売れる価格を知るということ。値上げをしてもお客様が納得するだけのサービスなり付加価値をつけていくことだ。それによって、利益を最大化できる価格設定が可能になるのである。

適切な価格設定は、利益を最大化し、キャッシュを一瞬にして増やす。しかもそれは、あなたの一瞬の決断だけで実現できるのだから、費用や時間はほとんどかからない。そしてあなたがどうやって価格設定をしたかは、ライバルに知られることがほとんどないので、安定した戦略モデルが描けるメリットもある。

本書では、この後に続く二つの章を通じて、私自身の体験を含めた価格設定の実例を紹介し、価格決定に対する理解を深めてもらう。そのうえで、実践的かつ画期的な価格設定のノウハウを提示するつもりだ。

ちなみに大企業はコストと時間のかかる大規模な価格調査を行なっているが、この本書で紹介する価格決定法を使えば、はるかに精度の高い、顧客の感情にあった価格感を知ることができる。それどころか、顧客を逃がすことなく、確実に価格アップするために踏むべきステップがわかるようになる。

さらに、利益を最大化するか、顧客数を最大化するかの戦略決定が一瞬にして行なえるようになる。そして、利益を最大化するために販促資料をどう変更すればいいかの方向性もわかるようになる。

顧客感情にあった適正な価格は、最大の売上と利益をもたらす。「そんなに簡単にいくはずがない」と思うかもしれないが、実際にやってみれば本当に驚くほどうまくいく。なぜならほとんどの経営者が、価格戦略をもたないからだ。他人がやっていないことをやるわけだから、突出してうまくいく。その差は顕著に現われる。その典型的な例が私でもある。

現在、九九・九％の会社は価格の決定方法を知らない。大学で経営学を専攻した経営者でも、価格の設定方法を学んだ人などはほとんどいない。どんな経済書やビジネス誌を読んでも、価格設定の理論を知ることはできるが、具体的な方法を教えてくれるものは皆無だ。だから、価格の設定方法を知っている会社はほぼゼロに近いと言っていい。

では、ほとんどの会社はどうやって価格を決定しているのだろうか。

最も多いのは、「ライバルがいくらで売っているから、うちはこれよりちょっと安くしよう」とか、「競合店がいくらだから、それよりちょっと高くしよう」というように、ライバルを見て価格を決めるケースである。これでは経営の視点がお客様を向いていない。ライバルに対する対抗心と自分のプライドが優先してしまっているのだ。

もう一つの決定要因は、コストである。「原価がこのくらいだから、粗利はこのくらい欲しい。だから価格はこのぐらい」と決めてしまう。あるいは、変動費に一定の利益率を乗せるという方法で価格を決めている人もいるだろう。昔から広く行なわれている「コスト積み上げ方式」だ。

経済全体が成長していた高度経済成長時代はこれでよかったかもしれないが、価値観が多様化し、商品があふれてしまっている現在、もはやこの価格決定法は通用しない。高度経済成長時代と違って、商品が長く、多く売れることが少ないからだ。

今の時代の特徴は、多品種少量販売になっている。それは消費者の価値観の多様化、生活様式の個性化が要因になっている。だから、一律にコストを積み上げた価格設定では、顧客感情にマッチしたプライシングはできないのである。

いずれにしろ、しっかりした調査や分析のうえで価格を決めているわけではないから、顧客感情に近い適正な価格とはほど遠い。本書を通して顧客感情にもとづいた価格決定法を知り、さらにその価格設定を成功に導く戦略を理解すれば、あなたはまわりの九九・九%のライバルに確実に勝てるのだ。

価格設定をマスターするということは、あなたの会社が短期間でキャッシュを倍増させることができるということでもある。その秘策を今からご紹介していこう。

第3章

実例！
これが値上げ成功ノウハウだ

商品が「モノ」でなくても成功できる

成功の鍵はプライシングにあり！

第1章では私のNTT代理店事業をはじめ高価格帯で成功した例、第2章では価格競争に陥った例を中心に価格戦略の考え方について書き進めてきた。あなたも「今の価格で本当にいいのか？」と悩みはじめている頃だろう。

だが、頭ではわかっていても、いざ実践となると勇気が出ない。あるいは、高価格に見合ったサービスをどうやって生み出せばいいのか、具体的な方法論となると難しいと感じている人もいるはずだ。

そこで、私がこれまでに実践してきた価格戦略を、初めて解き明かそうと思う。

ここに書いてあるノウハウは、あるいは一部の大企業では、莫大な調査費用をかけて実践している内容かもしれない。しかし、私の会社は中小企業でありながら、数々のプライシングに成功してきた。

結果として、一九九四年に商売を始めて以来、小さいながらも約一〇年間にわたって、事実上無借金で会社を運営し、収益を伸ばしつづけてきた。その間に事業を任せられる幹部にも恵まれ、私は三一歳にして会長職に就き、セミリタイアを実現することができた。その秘密も実は、値下げをしない適正な価格設定にある。

この一〇年間は、常に新しい分野、異分野への挑戦の連続だった。しかも参入する分野について、決して詳しかったわけではない。にもかかわらず、劇的な成果をあげつづけているのはなぜなのか。重ねて言うが、それは価格設定を成功させ、また値上げを次々に実行してきたからに他ならない。

私の経営者としての歴史は、値上げの歴史だったと言っても過言ではないのだ。それは成熟した商品を扱っていたからこそ、値上げ戦略が功を奏したと言えるかもしれない。

事業成功の歴史は、値上げの歴史

私が最初に手がけたのは、家庭教師の派遣事業だった。

この事業で私は二度の価格変更を行ない、収益を大幅に伸ばすことに成功した。

この家庭教師派遣事業のプライシング戦略は、ちょっと変わっている。説明しよう。私が行なった家庭教師派遣事業での価格設定は、家庭教師から指導を受ける月謝を一時間当たり一六〇〇円とし、一回二時間の授業を週に一回で月に四回。つまり一六〇〇円×二時間×月四回の一万二八〇〇円にしていた。これがお客様であるご家庭からいただく月謝である。

しかしこの月謝の原価、つまり家庭教師に支払う時給を実は一時間一六〇〇円にしていたので、利益はゼロだった。指導料からは利益を得ていなかったわけだ。では、どこで利益を得ていたかといえば、いっしょに販売していた教材の販売利益である。

お客様であるご家庭が家庭教師に払ってもいいと考えている予算は、当時おおよそ月三万円から上限で四万円くらいまで。そこで最低ラインの三万円を一般の家庭が家庭教師に支払うことができる一カ月の予算と仮定し、家庭教師の実際の指導料部分が先ほどの一万二八〇〇円。そして残り一万七二〇〇円を教材購入の予算枠として考えていた。

月謝の部分はなるべく価格を安くし、教材の部分で粗利をとるという戦略だった。そちらのほうが管理コストが安く、粗利が大きかったからだ。ちなみにこのビジネスモデルは、当時業界で広く行なわれていた手法であり、過去に私がアルバイトをしていたある企業の社長から教わったモデルでもある。私はそれをそのまま素直に踏襲していった。

より深く理解していただくために、当時の営業形態の話もしておこう。

まず家庭教師のニーズのある家庭を探し出すために、延べ一〇〇人以上のアルバイトを使って電話によるリサーチを行なう。テレホンアポインターを使って電話をかけるわけだ。一回のシフトを三時間とし、約二〇人のアポインターが一斉に電話をするわけだから、一日にかける数は五〇〇〇件、六〇〇〇件に及ぶ。多いときには一日で一万件以上の電話をかけていた。

しかし、闇雲に電話をかけても家庭教師を頼みたいという家庭は見つからない。そこで電話をかける対象をあらかじめ見極める必要がある。そのため、私はよく市町村役場や市役所に行って住民台帳を閲覧し、中学生くらいの年代のお子さんがいる家庭の住所等を一件一件書き写していった。超地道な作業である。

当時はどの市町村でも住民台帳の閲覧、メモは誰でも可能だった。おそらく今でも可能だと思う。そうやって厳選したリストをもとに電話をしたり、それでも圧倒的に足りないので電話帳で調べて電話をするなど、いろいろとやっていた。

そして家庭教師に興味のある家庭を見つけると営業担当が訪問し、一回だけ無料で体験レッスンを行ない、気に入ったら申し込みをいただくという営業方法だ。この営業プロセスは、なんのことはない一般の営業会社と同じように思えるが、実はそこには大きな経営の秘策があった。

営業部隊は全員が現役大学生

その秘策とは、実は私がつくっていた組織には、社員が一人もいなかったことである。実は電話をするテレホンアポインターも、家庭を訪問して無料体験レッスンを行なうのも、営業して申し込みをとってくるのも、全員が現役の学生だった。

給与体系も一般のそれとは違った。営業の学生は完全歩合給の一〇〇%フルコミッションにして、労働コストを変動費化していた。経営上最も頭を悩ませる営業マンの人件費コストを気にしなくてよい人事システムにしていたわけだ。これは経営側にとって、非常に効率的なシステムだ。

もちろん、そのほうが売れればより高額の報酬をもらえるから、実際に働く学生たちにとって大きな動機づけになっていたという事情もある。そしてフルコミッションの学生営業マンには、利益の源泉である教材をより多く売りたいというニーズがあった。逆に言えば、指導部分はないがしろにし、とにかく利益の源泉である教材ばかりの販売に偏重してしまう傾向があったというわけだ。

教材が売れるのはいいのだが、それには一つ、大きな問題があった。家庭教師の指導料部分から利益を発生させていないため、家庭教師の指導が始まってからのフォローや、家庭教師を選抜するときの方法などが、どうしてもおろそかになってしまうのだ。教材を売ることにしか目がいかなくなるからだ。

その結果、せっかく購入していただいた教材を使わずに指導したため、指導開始後に「使っていない教材を買い取ってくれ」というクレームが来たり、「教材を使うこともできない家庭教師だったら、初めからお願いなんかしない」というキャンセルが相次ぐようになってしまった。

こんなクレームが続くようでは、申込件数や売上は増えても事業の存続は難しい。そこで私は、収益源を見直すことにした。今までは入会金による売上と教材販売による売上の二本柱だったが、それに加えて、もう一本収益の柱をつくるようにした。今まで利益をもらっていなかった毎月の月謝の部分からも利益を計上するようにしたのだ。

そこで一時間当たりの指導料一六〇〇円を二〇〇〇円に値上げし、一万二八〇〇円だった指導料月謝を一万六〇〇〇円に値上げした。家庭教師への給料（通常のビジネスで「仕入れ」に相当する）は据え置いたままだ。その結果、毎月の月謝部分からの粗利は、今までのゼロ円から一気に三二〇〇円へと増えたのである。毎月三〇人の新規入会者があるとして、この値上げによって単純計算で毎月九万六〇〇〇円が新たな収益として発生したことになる。

一瞬の決断と実行力だけだ。月謝部分の値上げによって、逆に毎月の教材部分は一万四〇〇〇円へと予算枠は縮小したのだが、その分、夏と冬に「夏期講習費」「冬期講習費」ということで特別カリキュラムを新たに設け、八月と一二月に通常の月謝とは別に費用をいただくようにしたので、年間を通しての収益は結果的に大幅にアップした。法人と違って、一般家庭には夏と冬に「ボーナス」という予算が存在するので、この戦略も見事に的中したのだった。

総額を下げて粗利を増やす発想

ところが、それから約半年後、私は二回目の価格変更を断行した。

そのきっかけが、これまた偶然の産物だった。

あるとき、セミが鳴いている暑い夏の日のことだったと思うが、一回二時間の指導を基本としていたにもかかわらず、ある営業マンが自分で勝手に一回九〇分で料金計算して、申し込みをもらってきたのだ。のちに社長となる杉山淳だ。

なぜ授業を一回九〇分にして仕事をとってきたのか。九〇分なんて短すぎてまずいんじゃないか。ますます教材を使って指導できなくなるじゃないか。私はそう思い、彼に聞いてみた。

すると、その答えは意外なものだった。「実はうちの子供は集中力がないので、一回の授業で二時間ももたないから、もう少し短くしてもらいたい。それに、下の子が来月進学するので月々の支払いを抑えたいという事情もある。一時間半とかの指導にならないかしら」と、そこのお母さんに頼まれたというのだ。

営業マンとしては、お客様の要望もあり、また契約をとらなければいくら働いても給料はゼロだから、どうしても契約をとらなければならないという事情もあった。そこで、彼はその場で電卓をたたき、「それじゃあ、家庭教師の指導は一回九〇分にして、その部分は月一万二〇〇〇円にしましょう」ということで申し込みをもらってきたというわけだ。

月謝総額は安くなり、そこからの粗利も三二〇〇円から二四〇〇円へと下がってしまったが、われわれの利益の源泉である教材の販売予算枠は今までと変わらないので、売上に影響はまったくなかった。そういうこともあり、この戦略は事後的に認め、一時社内で流行していった。

月謝部分を安くすることができれば、教材部分の予算に割ける費用が増える。そういう単純な理屈だから、月謝総額は今までのままにして、さらに教材販売に力を入れる営業マンも出てきた。フルコミッションの学生営業マンたちにとっても、それは嬉しいことだ。短い指導時間は、意外とご家庭からも好評だった。

ただここで私は、一回九〇分といえども月一万二〇〇〇円の指導料は少し安すぎる価格だと直感した。感覚的には、九〇分の指導といえども一万三〇〇〇円から一万四〇〇〇円くらいが妥当ではなかろうか。単純にそう思った。そこで、九〇分の指導の場合は一時間当たりの単価を二二〇〇円とし、一カ月一万三二〇〇円という価格で営業をしてみた。一〇%の値上げだ。

その結果、月の指導料の総額（売上に相当する）は二時間指導だった場合の一万六〇〇〇円から九〇分指導の一万三二〇〇円に二八〇〇円も下がったにもかかわらず、粗利は三二〇〇円から三六〇〇〇円へと増益となったのだ。これには私も驚いた。売価が一七・五％も下がったにもかかわらず、粗利は一二・五％もアップしたからだ。

月謝というのは一時間当たりの単価の積み重ねである。一時間の単価が上がり、容量が減ったわけだから総額は安くなって利益が上がるのは当たり前なのだが、当時としては画期的な値上げ戦略だった。また、指導料総額が一万六〇〇〇円から一万三二〇〇円に下がった分、教材に充当できる予算も二八〇〇円増えたため、より教材も売りやすくなったという二重のメリットがもたらされた。

値上げが家庭教師の質を向上させた

こうして今までいただいていなかった指導料部分からも利益をいただくようになり、また一時間当たりの指導料を値上げしたこともあって、実はもう一つ大きなメリットがもたらされた。それは、家庭教師の質が格段にあがったことだ。そう、商品品質がアップしたのだ。

当初は、指導料の月謝部分からの利益をいただいていなかったので、家庭教師に関する教育や研修、礼儀など品質に関する部分には、ほとんどコストをかけていなかった。しかし、ちゃんと利益をいただくようになってからは、家庭教師の研修を行なう資金が生まれてきた。

それからというもの、家庭教師の研修や教育も行なうようになり、また家庭教師が毎月提出する指導報告書にもきちんと目を通すようになってきた。さらに、その内容について詳しくフィードバックするようにもなった。

家庭教師の採用の際にも大きな工夫を凝らしていった。採用テストをレベルの高いものに変更し、面接の評価を従来よりも細かく段階分けするようにした。従来の三段階評価から五段階評価への変更だ。あまり細かく分けると事務コストが煩雑になるので敬遠していたのだが、それを行なうだけの原資が調達できるようになったのだ。

このようにして、月謝の値上げによって、教師の品質アップが自動的に行なわれたのである。総じてこれらはすべて、顧客満足度を高めることにつながっていった。

会社としてのフォロー体制も充実した。当時、一般家庭にもファックスが普及してきたこともあって、「無料FAX相談」を同時並行で始めた。家庭教師が指導しない日でも、疑問点をファックスで送ってくれれば、いつでも無料で即日回答しますというサービスだ。

これでさらに評判がよくなった。

また、家庭教師の申し込みをいただいたお客様への定期的なフォローも行なうようになった。要は申し込みをいただいた営業マンが定期的に家庭へ電話して、親御さんの話を聞いたり生徒さんと話をして励ましたりするわけだ。それらのフォローは、今までになかった業務だった。営業マンはすべて大学生だから、大学の授業の合間に電話をしたりもしていた。そこまで彼らも熱心だった。

そういうこともあり、私は新たに「フォロー手当」という報酬をつくり、営業マンが抱えている顧客、つまり過去に申し込みをいただいたお客様の累計について、一軒につき五〇〇円の手当を彼らに支払うようにした。

累計だから長くやっている営業マンほどたくさんもらえる。生徒を一〇〇人抱えている営業マンであれば、毎月のフォロー手当の固定報酬だけで自動的に五万円が入ってくるわけだ。完全歩合給だった彼らが喜んだのは当然だったが、言われなくてもやる気を出して奮起し、顧客フォローに励んでいった。

こうして仕組みをつくっていった結果、営業マンの意識は大きく変わっていった。つまり、月謝から利益を頂戴するようになって、**「価格に見合ったサービスや商品の提供を行なうためにどうすればいいか」**という思考が働くようになったのだ。品質アップの思考、または理念である。値上げが先で、品質アップや理念が生まれてきたのだ。逆ではない。

一方、家庭教師の反応はどうだったか。家庭からいただく月謝一時間当たりの単価は上がったものの、実際に指導に行く家庭教師の時給は据え置いていた。一回当たりの勤務時間が今まで二時間だったのが九〇分になるから、当然、家庭教師が受け取る収入額は減る。一回指導に当たれば一六〇〇円×二時間で三二〇〇円もらえていたのが、九〇分だから二四〇〇円になった。しかし、家庭教師側からの不満はほとんどなかった。こう聞いて意外に思われるかもしれないが、実は、不満の出ないような仕組みをつくっておいたのである。

その方法は、競争原理を家庭教師に応用したものだ。つまり、家庭教師の面接の段階から家庭教師同士を競わせ、採用のときには「あなたは〇人のなかから選抜された先生であって、家庭教師として採用されたことは非常にすばらしいことだ」ということをしっかりと言ってきかせ、その認識をもたせたのである。ちなみに、家庭教師として登録されてから実際に指導ができる教師として採用される確率は、一〇〇人中一人か二人だった。

さらに、実際に生徒を担当してもらう段階においても、今までは該当する家庭教師を一人だけ選び出して「ここのお子さんをお願いします」と言って送り出していたが、これからは生徒を担当してもらうときに、必ず何人かの教師候補者をピックアップするようにしたのだ。候補者何人かでテスト等を行なって競わせ、最終的に面接をして派遣する講師を決定するというシステムにしたのである。誰でも家庭教師ができるわけではないということだ。

そのため勝ち残った段階で、家庭教師をする動機はお金ではなく、名誉になっている。「時給が安いから嫌だ」「一回当たりの金額が低いからやりたくない」といったクレームが生まれる余地をなくしたのだ。

このように値上げというのは、単に価格を上げればいいというものではない。戦略発想が必要で、社内のあらゆる習慣や仕組み、またサービスや品質、仕事の段取りやシステムなどをトータルに見直さなければならないことがご理解いただけたと思う。逆に言えば、値上げをするからこそ、初めてサービスや品質アップに経営の視点が注がれていくということでもある。実は、これが非常に重要なポイントとなってくるのだ。

利益を得ながら撤退のタイミングを図る

もう一つ、値上げが事業の成否を決定づけることがある。それは、事業を撤退させるときだ。経験された方はおわかりだと思うが、事業の撤退には非常にコストも時間もかかる。

事業の立ち上げ以上の労力もかかる。そのくらい真剣にやらないと事業の撤退は成功しない。まして中小企業であればなおさらだ。

だから、撤退時には十分な収益を確保しておくことが重要だ。撤退することで他人に迷惑をかけてはいけない。人の縁は続いていくから、立つ鳥が跡を濁すようなことをしてしまっては絶対にいけないのだ。次の儲けの波に乗るという「運」も来なくなってしまうからである。そういう意味でも十分な収益を得つつ、余裕をもって撤退することが重要だ。そのために私は値上げを行ない、収益を確保していったわけだ。

私はこの家庭教師派遣の事業で、その後撤退を成功させているが、論理的な後ろ盾があったわけではない。たくさんの情報を得たり、人からアドバイスをもらったりいろいろな事例を学んで撤退のタイミングを考えるのだが、結論として誰にも最適な撤退タイミングなどわかりっこない。人間は神様じゃないんだから当たり前だ。

最後は結局、経営者のいわゆる「直観」である。残念ながらそれしかない。が、その精度を高め、撤退の成功確率を上げる方法はある。

私が家庭教師派遣業界に参入した当時、家庭教師派遣業界への新規参入が相次いでいた。当時、この仕事に携わっていたものとして、業界が成長期を迎えていると感じた。いや、もしかすると成熟期にさしかかっていたのかもしれない。だが、業界全体の品質レベルがまだまだ追いついていなかった。大手予備校も予備校事業以外に家庭教師の派遣を始め、新たな収益源にするなど、市場としては明らかに拡大していた。単なる紹介業だから、営業力さえあれば比較的参入は容易な業態である。そのため新規参入が相次いでいたわけだ。

他社は品質よりも営業力に力を注いで業績を上げていた。まだまだ市場には開拓余地があった。だから、ほとんどの同業他社は市場開拓に注力し、品質レベルは後回し。そのため、私の値上げ戦略は自動的に品質レベルの向上につながり、成功したといっていいだろう。そういう両極端の業態がどちらも伸びていく、まだまだ比較的簡単に収益を上げることができる業界だった。

当時私は横浜で事業を始め、関東圏を中心に営業していたが、業界最大手の「トライグループ」は、まだ関東圏に進出していなかった。それはラッキーなことだった。トライの進出によって、より家庭教師派遣業が身近になり、業界全体がさらに伸びていくだろうと予想したからだ。

短期的に考えれば業界全体が伸びていくわけだが、しかし一方で、長期的にはいっそう競争が激しくなることが予想された。そんななかで、撤退の目安として「トライ進出と同時に撤退する」のがベストだと判断した。短期的に見れば、トライグループが行なうテレビコマーシャル等で業界の認知度が高まり、市場のパイが一気に広がっていく。だから今以上に儲かる。しかし長い目で見れば、それによってさらに競争は激化するのが目に見えていたためだ。

収益としてはまだまだ魅力的な業界だったが、ネガティブな要因もあった。それは、このビジネスモデルを成立させるうえで欠くことのできない電話をかけるための「リスト」、つまり、家庭教師のニーズがあるであろう見込み客の「名簿」の問題だった。その入手が年々困難になっていったのである。住民台帳の閲覧にも限界があり、また行政から一定の制限をかけられることも出てきた。リスト入手のためのコストは年々増加した。最近では、たまに新聞沙汰になるようなグレーな手法で名簿を入手している業者も出てきている。また、個人情報保護の気運も年々高まり、このビジネスモデルの将来が決して明るくないことを、当時から感じていた。

さらに業者間で出回っているリストが同じようなものだったようで、同じお客様のところにいくつもの業者から営業がかかるようになっていた。他社はプロの営業マンを使っているという事情もあり、バッティングしてしまうとなかなか勝てない。

営業力強化を図るためロールプレイング等の研修を行なったりもしていたが、さすがに学生では限界がある。やくざまがいの営業も横行するダーティーな業界だったこともあり、私も訪販のプロになるつもりは毛頭なかったため、強力な営業を強いることはなかった。十分に収益を上げている事業ではあるが、長期的にこういった業界でビジネスを長くやりつづけたいとは思っていなかった。そういった事情を総合的に考え、常に私は攻めの戦略とともに撤退のタイミングを図っていた。

一つのことに固執するほど利益を失うリスクは高くなる

私は、家庭教師の派遣事業をやりながら、携帯電話、ＰＨＳなどを販売し、新たな事業を展開していた。いつまでも同じ事業に固執していては、次の新たな事業の波に乗れないという実感を、この頃からもつようになった。一つの物事に固執すればするほど利益を失うことになると思ったのだ。

そうしたなか、少しずつ撤退の準備を進めていった。いつそのときが来てもいいようにするためだ。そうしているうちに、いよいよトライが関東に進出。案の定、テレビで大々的にコマーシャルを開始した。私はそれとほぼ同時期に、事業譲渡、売却という形（Ｍ＆

A）で撤退を完了させた（ただし、後に再度逆M&Aによる買い戻しを行なった）。

撤退を成功させるコツはただ一つ、業界全体が伸びていっているとき、新規参入が相次いでいるときに撤退する。要は**儲かっているときに撤退すること**だ。他人が「なんで今頃やめるの？　もったいない。バカだね」と言うときこそ、撤退のタイミングなのだ。

よく考えてみてほしい。「その撤退は正しいよ。もう儲からないからね」と言われるような時期であれば、明らかに遅すぎる。誰が見ても撤退するのがベストだという状況とは、誰が見ても儲かっていないという証拠でもあるから、遅きに失する。利益を得つつ余裕をもって撤退することができない。事業を売却するにも買いたたかれるだけだ。

結局、いつまでも細々とした利益に執着し、いつになっても撤退できないことになってしまう。撤退できなければ、新しい事業のヒントを手に入れるチャンスにも出会えない。新しい波に乗ることもできないのだ。事業を存続させるにも撤退させるにも、いずれにしても収益的に余裕がないと、それらが成功することはない。あなたがビジネスで成功を収めたいのなら、値上げ戦略を実行することが、成功の近道なのだ。

プリクラ事業――適正な価格を適切な客層からいただく

無料だった加盟金を一〇万円に！

先ほど見てきた家庭教師派遣事業の値上げ事例は、教育産業での事例だ。教育産業とは、いわゆる情報産業でもある。商品が「物」ではないからだ。そこで今度は、商品が「物」である場合の値上げ成功事例のお話をしていこう。

私が手がけたプリクラ事業の例である。ここでも私は、より大胆な値上げを何度も行ない、その都度収益を拡大していった。

プリクラ事業を始めたきっかけは本当にひょんなことだった。当時、私は新たな事業としてカラオケやゲーム機の販売、卸をするアミューズメント事業を行なっていた。その事業の拡大政策として、ある新型ゲーム機の拡販に力を入れていた。

ところが、その年のクリスマスイブに、その新型ゲーム機の営業で飛び込みをした秋葉原のあるメーカーの社長さんから、「プリクラを扱わないか」と逆に営業をかけられたのだ。それ以後、プリクラを販売するようになった。

この事業も大成功するのだが、実は私は当初、価格設定において恥ずかしい失敗をしている。致命的な失敗だ。

私はそのプリクラを直販する以外にも販売ルートを確保した。それは代理店による販売だった。代理店を募集してそのルートで販売するようにしたのだが、そのときの代理店加盟費用を無料で募集していた。これが、この事業における価格設定の大きな失敗だった。

プリクラの代理店募集には、だいたい一カ月に五〇名前後の希望者があったが、「無料だから」という理由で安易に応募してきた人が多かった。応募者のその後のモラルアップに非常に苦労したし、当然そこにコストがかかった。

無料にすると、たしかに応募者は大勢来て代理店の数は増える。しかし、それでは〝それなりの人〟しか来ない。積極的に取り組もうという人や法人はなかなか来なかった。収益の面でも質の面でも、これは明らかに失敗だった。

そこで私は、次の募集からは加盟に際して五万円の登録料をとることにした。応募者が激減するのではないかという不安はあったが、本当にやる気のある人にだけ来てほしかったからだ。五万円を払ってまでやりたい、という人に来てもらいたかった。

応募者が相当減るだろうと思っていたのだが、結果は上々だった。申込件数は微減の月平均約四〇件の応募。そして収益はゼロから一気に月一五〇～二〇〇万円に上がったのである。

さらに翌月の募集では、価格テストの意味も含めて加盟金を一〇万円に値上げした。その理由は、他社のいろいろな代理店加盟やフランチャイズ加盟ではもっと費用が高かったということが一つ。もう一つは、このプリクラは一台販売すれば一〇万円以上の粗利がとれる卸価格を設定していたことだった。加盟金が一〇万円でも、一台売れれば元がとれる。そう考えてみれば決して高くはない。

実際、きちんと営業活動を行なえば、一台も販売できないということはまずない。だったら一〇万円の初期費用がかかるとしても応募してくる人は多いはずだ、と考えたのだ。とは言っても、応募者はかなり減るだろうと覚悟はしていた。価格は倍になっているし、そもそも無料だったものを一〇万円にしたのだ。不安が渦巻く日々であった。

しかし、実際に募集を開始し、ふたを開けてみると、なんとその月は約二五人前後の応募者を確保することができた。価格を倍にしても、応募者が半減することはなかったのである。その結果、加盟金だけで月二五〇万円にもなった。当然応募者の質は高く、みなやる気をみなぎらせていた。一〇万円投資したのだから、元をとってやろうというのがやる気の源になっていたわけだ。

その後、代理店間の情報共有や営業上の相談に乗る方策として、代理店を組織した起業家のビジネスサークル「パスメグループ」をつくり、その会費も最初の加盟の段階でいただくようにした。その結果、最終的に加盟費用は一二万六〇〇〇円になった。しかし、加盟数はほとんど変わらず、価格を上げた分はまるまる増収になった。見事に値上げ戦略が成功した事例だったのだ。

価格帯で、集まる客層が変わる!

ここで誤解しないでもらいたいのは、私が単に値上げだけを行なったのではないということだ。値上げの際に私が考えたのは、値上げをする代わりに、加盟者に対してきっちりフォローしていくということだった。そのために行なったのが、次のような工夫だった。

一つは「営業マニュアルをつくる」こと。商品説明はもちろん、代理店向けに営業トークのマニュアルをつくった。代理店の方々がプリクラを販売することを前提にした、営業ノウハウを丁寧に教えるマニュアルである。言ってみれば、加盟者は代理店という「商品」を購入した「顧客」だから、その満足度を高めるために行なった顧客満足の一環である。これは商品の品質アップにもつながる。

もう一つは「代理店の登録証をつくる」という原始的なことだった。実は加盟金が無料のときは契約書を交わすだけだったが、それではどうしても帰属意識が薄くなる。そこで、ステータス性を高めるためにも、契約書プラス代理店登録証を発行したのである。登録証は高級感をもたせるために、たんなる紙ぺらではなく賞状形式のものにし、製本加工を施した。

さらに、加盟者が希望すれば、名刺も無料で作成し、提供していった。これも大変重宝された。

こうして最初は無料だった加盟金が、最終的には一二万六〇〇〇円に落ち着き、その決断は、結果的に月間二〇〇万円以上の増収効果を生むことができた。

このとき私が実感したのは、価格によって集まってくる客層がまったく違うということだった。加盟金が無料のときは、それこそ「タダだから、うまくいかなくてもいいや」といういい加減な加盟者が多かったが、加盟金を一〇万円に変えてからは、「一〇万円を払ってもやりたい」という人、「一〇万円払ったのだから、真剣に取り組もう」という人にアプローチすることができた。

どんなビジネスでも、「適正な価格を適切な客層からいただく」という発想をもたなければならない。逆に言えば、値上げにはそうした戦略発想を自ずと生み出すメリットがあるのだ。

値上げと同時にOEM化で、売上は一気にアップ

実は私が値上げをしたのは、加盟金だけではない。加盟金の値上げと同時に、プリクラ本体の販売価格もアップした。その目的は、自社の収益アップとともに、代理店の方々にももっと儲けてもらうためだった。

仕入れコストを下げることで得られる儲けには、自ずと限界がある。しかし営業力をつければ、高くても売ることができ、利益を上げられるだろうという発想だ。そのために、加盟代理店に対してさまざまな営業のノウハウを提供した。同時にプリクラのフレームを充実させたり、各店がオリジナルメッセージを入れられるようにして、競争力を高める工

夫も行なった。プリクラ本体価格の値上げ幅は、当初の五〇万円から六九万八〇〇〇円と、実に一九万八〇〇〇円もの値上げだった。

販売代理店からは不安の声も若干あったが、私には絶対に売れるという確信があった。というのも、実は私が取り扱ったプリクラというのは、超小型のプリクラ。卓上プリクラだ。だからスナックやクラブ、キャバクラなどにも簡単に設置可能だった。

当時、ポラロイドカメラで写真を撮るのが酒の席ではやっていたこともあり、すでに市場はできあがっていた。ポラロイドカメラで撮影した写真は一枚一〇〇〇円でお客へ販売されていたのだ。そういう事情があったため、販売に不安はなかった。また、カラオケボックスにも、当時は待合室に大きなプリクラが一台ドーンと置かれているだけだったが、卓上サイズなら各部屋に置くことができた。

販売対象はたくさんあるし、卓上プリクラということで優位性は高いから、営業トークはいくらでもある。学生でも売れる。そういう営業サイドの読みを価格設定に反映させたわけだ。ちなみに、プリクラというのは売り切り商品ではない。メンテナンスも発生するし、写真シールは消耗品なので、その販売による利益もある。継続性の高い商品なので、事業としては非常に魅力的な商材でもあった。

その後、私はプリクラのメーカーと掛け合い、オリジナルブランドによるＯＥＭ供給を始めた。メーカーのブランドのままでは、営業先で他社の営業マンとバッティックする場合もあり、営業マンが非常に売りにくかったからだ。しかし、オリジナル商品となれば自社独自の商品である。価格設定も他社を気にすることなく、好きにできる。

そのメリットは大きかった。最終的には、当初五〇万円だった本体価格は八二万八〇〇〇円になった。三二万八〇〇〇円の値上げである。販売数量は減るどころか、人気も出てきてビジネス誌にカラー特集で取り上げられたほどだった。

値上げには戦略にもとづいた工夫が必要だが、今回の戦略は、販売に携わる代理店の質とやる気のアップ、それをバックから支援する営業面のフォロー。そしてＯＥＭ供給だった。こういった戦略さえしっかりしていれば、値上げは必ず成功する。値上げ成功のコツは、ビジネスモデルの戦略的な見直しにあるのだ。

NTT代理店事業――価格テストで顧客感情を知る

市場の成長の波に乗る

プリクラの次に私が手掛けたのが、第1章でも紹介したNTTの代理店事業だ。ここで値上げの実践例として、より詳しくその経緯を紹介しよう。

NTTの代理店は、大きく分けて二種類ある。一つはNTTブランドの電話機やFAX、コピー機といった通信機器を販売する代理店。もう一つは、いわゆるネットワーク商品を販売する代理店。転送電話のボイスワープ、ナンバーディスプレイサービス、キャッチホンやプッシュホン、タイムプラスなどのさまざまな割引サービス、ISDN回線、今ならADSL回線や光ファイバーなどを扱う代理店だ。

私は後者のネットワーク商品を扱う代理店として活動した。NTTからの取次手数料が利益となるわけだ。例えば、ボイスワープをつけたいというお客様がいたら、NTTに電話して「このお客様が、この電話番号にボイスワープをつけたいとおっしゃっているので、お願いします」と言って終わり。仕入れも何も発生しないので、価格設定という概念は存在しない。

ところが、インターネットブームとなって取り扱いが増えてきたISDN回線の場合は、事情が少々違った。NTTに発注するだけでなく、ターミナルアダプターという機械をつけなければ使えないのである。

ISDN回線は、インターネットと電話を同時に使える、当時としては高速で大容量の情報通信回線だった。ADSL回線が登場してくるまでは、インターネットをより高速に行なおうと思ったら、選択肢はISDN回線しかなかった。その意味で、ISDNの代理店ビジネスには、時代の大きな後押しがあったといえる。

もう一つ、ISDN回線ビジネスの追い風になったのが、携帯電話の普及だった。一人暮らしの学生等が、電話回線を引かずに携帯電話だけをもつというスタイルは当時すでに出はじめていたが、彼らがいざ結婚するとなると、いずれ新居に固定電話回線を引くことになる。また、車をローンで買うとか、クレジットカードをつくるという場合には、連絡先が携帯電話の番号だと審査が通らないのだ。

そういう社会的事情もあって、新たに電話回線を引く人は意外と多かったが、そういう場合、「どうせならインターネットが速いＩＳＤＮがいい」ということで、ＩＳＤＮの市場が広がっていった。

私が「このビジネスはいける」と思ったきっかけは、ＮＴＴの代理店を始めたばかりのときに、結婚して新居を構えることになった友人から、新しく電話回線を引く相談を受けたことだった。

まだＩＳＤＮ回線の出はじめの頃だったが、「どうせインターネットをするからＩＳＤＮがいい」という話になり、その友人はＩＳＤＮ回線を引いた。その後、その友人の紹介で次にＩＳＤＮ回線を引いたのは、外国からの留学生だった。本国とインターネットを通じてメールをするときに、ＩＳＤＮのほうが都合がいいというのである。「なるほど、こういう需要があるのか」と、私はＩＳＤＮ市場の拡大を確信した。

価格テストでわかった顧客感情

当初、私は二万五〇〇〇円の価格設定でＩＳＤＮ回線を引いていた。アダプターが二万五〇〇〇円ほどしたので、原価で売っていたことになる。利益はどこから得ていたかというと、ＮＴＴから受け取る手数料だけだった。それまでの代理店事業とまったく同じ発想だ。機械を提供するわけだから、一件一件訪問して設置もしていた。意外と手間がかかる事業だった。

その後、私はこう考えた。もっと効率よく回線を販売するなら、通信販売形式のほうがいい――。

だが、そのためにはアダプターを設定したり、電話がうまくつながらないといったクレームに対応する部署が必要になる。アダプターの原価そのままの価格設定では、そうしたフォロー体制を敷くための原資が生まれない。それじゃあ、そこで収益を発生させよう、という発想にいたった。

しかし大きな問題が発生した。それは、「いったいいくらで売ればいいのか？」という、単純だが非常に大きな問題だった。まだＩＳＤＮ回線が普及しはじめた当初のことなので、こういった発想でプライシングをやっている業者は皆無だった。いわば日本初の試みだった。

そのため、私はいろいろな価格テストを行なってみた。もちろん最初は不安だらけだ。価格をいくらに設定して販売すればいいのか確信がもてなかったし、とくに四月の引っ越しシーズンの後だっただけに、そもそもシーズンオフに電話を引きたい人がいるかどうかもわからなかった。少なくともまわりには、まずそういう人はいなかった。

そんななかで、とりあえず最初にやってみたのは、地元福岡の新聞の三行広告だった。価格設定は二万五〇〇〇円。すると一、二件の申し込みがあった。次は少し安くして一万九八〇〇円。ＮＴＴのバックマージンが一万円あったため、アダプターで少々損をしても利益は出せるという理屈で設定した価格帯である。結果、やはり一、二件の申し込みだった。

さて、問題はその次だ。私は今度は価格を上げ、三万五〇〇〇円で広告を出してみたのである。「二万五〇〇〇円や一万九八〇〇円で一、二件の申し込みだったのだから、三万五〇〇〇円に上げたらゼロになるのではないか」と思う人が多いかもしれないが、私には勝算があった。

私が扱っていたＩＳＤＮ回線は電話加入権がいらない回線である。通常電話加入権は七万円以上、中古流通でも当時は五万円ぐらいしていた。つまり、「電話回線を引くには高い費用がかかる」という漠然とした認知が消費者に浸透しているのではないか、と読んだのである。

結果は、申込件数が一、二件でそれまでと変わらなかった。次は思い切り下げて九八〇〇円にしてみたが、申し込みの件数はやはり変わらない。五八〇〇円にもしてみたが、結果はやはり変わらず一、二件の申し込み。安くしても申し込みは増えないのだ。むしろ安い価格では受注が大変だった。お客様が思いっきり不安を感じているから、その不安を払拭し、説明するのに一苦労だった。先ほどもお話ししたように、市場の認知としては五万円くらいかかるのが当たり前の時代だったから無理もない話だった。

試しにゼロ円でもやってみた。当然、ゼロ円では赤字だが、NTTからの年間の取次総量での特別インセンティブや月間の特別インセンティブを見込んで試してみたのである。だが、さすがにこのときは申込件数ゼロだった。価格の品質表示機能のところで書いたように、ゼロ円では完全に信頼できない〝怪しい価格帯〟に入ってしまったわけだ。

他社が値下げするほど、高価格でも業績が上がる！

こうした度重なる価格テストの結果、私は最終的に二万九八〇〇円に価格を設定した。アダプターの原価が二万五〇〇〇円するからそれなりに厳しい価格ではあるが、それでも次の広告の原資に回せるだけの利益は出る。二万九八〇〇円にはそういう意図があった。

最大の問題は、広告を出すと他社に価格がバレてしまうことだった。当たり前だ。当然、他社は二万九八〇〇円よりも下げた価格を出してくる。二万五〇〇〇円できたかと思うと、次は一万九八〇〇円という具合だ。

ところが私の心配はまったくの杞憂だった。五ページの図表1－1をもう一度見ていただきたい。面白いことに他社が価格を下げれば下げるほど、私の会社の業績は上がっていったのだ。

さすがに他社が一万円を切ってくると少し不安になったが、実績が出ているから下げる必要はないと判断し、価格を一切下げずに二万九八〇〇円を維持しつづけた。そして第1章で書いたように、二〇〇一年度にはＮＴＴの子会社や家電量販店をすべて含めたなかで全国トップになったのである。

こうした実績を上げることができた要因は、やはり高価格帯を維持しつづけた価格戦略に尽きる。逆に値下げしていた同業他社は、ランキングの五〇位にも上がってこなかった。

格安部隊で市場を知る戦略

なぜ私の価格戦略は成功したのだろうか。

その理由の第一には、高価格の設定を維持するための戦略を社内で十分に構築していたことがあげられる。まず最初に充実させたのが、フォローシステムだった。ここでいうフォローとは、お客様が電話回線を安心して使えるようにするための一連の手続きのことだ。同業他社は電話回線をつけることを、単に「取り次ぐ」という概念で行なっていた。あるいはＩＳＤＮ回線に必要なアダプターを「小売り」するという概念で行なっていた。それに対して、私たちが提供したのは「電話を安心して使える状態」だった。この違いが、圧倒的な差を生んだのである。

ＩＳＤＮ回線やＡＤＳＬ回線を引いた経験のある方はおわかりだと思うが、実際に使えるようになるまでには、煩雑な手続きが必要だったり、ちょとしたトラブルが起こりやすい。実際、私がＩＳＤＮ回線の販売を始めたときも、お客様からのクレームやトラブルが非常に多かった。単純にお客様の勘違いだったり、本来ならＮＴＴに行くはずのクレームだったり、あるいはアダプターの初期不良があったりと、いろいろなケースがあった。

そうしたクレームを分析して達した結論は、社内の専門の部署でアダプターの不具合も含めたアフターフォローを行なうことだった。お客様へお送りするお礼状に、「何か不具合があった場合には、ＮＴＴではなくこちらにお電話ください」という紙を入れたり、電話でお申し込みいただくときには「最後に何かご不安な点はございませんか？」と一言言うようにしたり、また二四時間電話受付ができるようにもした。

こうした仕組みを築くことができたのは、単に電話回線を引くとか、アダプターを提供するということではなく、第1章でも述べたとおり、「電話を安心して使える状態を提供する」という発想に切り替えたからだった。

もちろん、すべてが成功したわけではない。実は私は価格を上げる一方で、同時並行的に「格安部隊」という新規部隊を立ち上げていた。思いっきり安い価格で販売する激安特化部隊だ。

しかし、こちらはまったくうまくいかなかった。同じ媒体に価格が違う広告を出す。電話番号と屋号を変えているから、広告を見る人には違う会社という認識だ。申し込みの件数は安いほうが多かったが、一件当たりの粗利は正規部隊の三分の一程度。しかし、それを上回るだけの受注にはいたらなかった。むしろ、「また考えて電話します」と言って受注にいたらないケースがたくさんあった。安すぎて不安に思っているお客様が圧倒的に多かったのである。

そうしたお客様は、二、三分後に、格安部隊の部署ではなく、同じフロアにある正規部隊のほうへ電話をかけてきた。同じ媒体に二つの広告を載せているから、とりあえず最初に安いほうへ電話して、次に高いほうへ電話しているのだ。これがよくあるパターンだった。

同じフロアで両方の部隊を稼働させていたから、おもしろいように市場分析ができた。当然高いほうはすんなりと受注できた。格安部隊への問い合わせでは「疑い」をもって電話をかけてくる人でも、高価格部隊のほうへ問い合わせをしてくるときには、そういう疑いをもっている人はほとんどいなかった。当然、比較的容易に受注までにいたる。そういうこともあり、安く売るのがバカらしくなっていった。

格安部隊は失敗だったが、それを実行することで本当の市場を知ることができた。いくら理屈で考えても、実際に行動してみないとわからないものだ。ただ、複数の価格帯の商品を用意しておくことは、異なる客層を確保するために有効な戦略の一つである。圧倒的に市場を席巻したいのであれば、そうするのが有効だ。ただし、粗利を十分に確保する部署なり商品をもつことが最低条件である。私が格安部隊をもつことができたのも、高価格の正規部隊で十分な利益を確保していたからに他ならない。

戦略発想が生んだタウンページ広告活用術

高価格帯商品を売るにはさまざまな戦略思考が必要だが、その一つの大きな要素が広告展開のノウハウである。私がNTTの代理店事業で使った広告媒体は、新聞広告の他、サービス券がたくさんついたフリーペーパー、求人広告などが多く載っている連合折り込みチラシ、そして電話帳のタウンページだった。

タウンページは掲載までに最短でも半年、たいていの場合、原稿のやりとりなども含めて一年くらいかかる。しかも、いったん掲載されると一年間内容を変えられないため、価格設定を失敗しても、ずっと同じ価格で売りつづけなければならない。同業他社に安い価格を掲載されれば、その時点で一年間負け広告となるリスクが大きい。それだけにどの価格で掲載するか、非常に難しい判断を求められるのがタウンページ広告だ。広告効果は抜群だが、失敗すれば痛手は大きい。それがタウンページ広告の特徴である。その詳しいノウハウはここで詳しく解説できないが、興味がある方は私が監修をした『「非常識に儲ける人」の図解 1億円ノート』（三笠書房刊）を読まれるといいだろう。

私が最初に広告を出したのは、福岡版のタウンページだった。テスト的に掲載してみたのである。

このとき私は、業界が暗黙の了解でやってきた「価格を明示しない」というタブーを打ち破ってみた。非常に小さい広告ながら、価格を提示した広告を出したのである。掲載した広告に明示した価格は二万九八〇〇円。五センチ四方もない小さい広告だが、このとき価格を明示したのは一社だけだった。その戦略が当たったのだろう。広告の効果は、月間の申込件数四二件、売上約一二五万円となって形に表われた。広告費は月一万円もしなかったから、投資効果は非常に高かった。

二年目には全国のタウンページに掲載した。このときも一人勝ちだった。一年目は一エリアの一媒体にしか掲載しなかったが、今回は北海道から沖縄、全国の離島にまで掲載。掲載媒体数は一気に全国約二〇〇媒体、発行部数約六〇〇〇万部に増えた。売上も三〇倍以上の成果を生んだ。価格を明示することで価格による品質表示機能が働き、潜在的に安心感を与えたことによって反響が一気に増えていったのだ。

そういう大成功の二年目だったが、問題は三年目だった。二年目の広告は同業他社が全員見ている。だから対抗して安い価格で広告を出してくることが予想された。事実、三年目は同業他社が軒並み安い価格でタウンページに掲載してきた。一万六〇〇〇円とか一万四〇〇〇円、なかには六九八〇円というところまであった。それでも今までと同じ広告展開を私は行なっていった。多少それらの影響を受けてはいたが、相変わらず業績は好調で、結局、全国でトップとなったわけである。これは正直なところ、タウンページの媒体力によるところも、実は大きかった。

しかし、私はすでに二年目のときに事業からの撤退を考えていた。米国からの技術情報や政治の動き、世の中の趨勢が、ＩＳＤＮではなくＡＤＳＬと光ファイバーへシフトしているのを感じていたからだ。そしてヤフーＢＢのＡＤＳＬ事業参入を合図に、ここでも撤退を成功させ、次の波に乗っていった。大量広告戦略は、業績が最好調だった二年目に、すでに終結させる準備を行なっていた。そのため、ＩＳＤＮ回線の普及数が史上初めて減少を記録する前に、すでにその事業からは撤退することができていたのだ。そんな余裕の撤退ができたのも、最後まで高価格戦略で営業をしていたからである。

本気で成功したいなら、敵から学べ

私がタウンページをはじめとする全国展開を決断した背景には、同業他社から常に情報を得ていたこともつけ加えておきたい。敵をしっかりと観察していたわけだ。だから自分の価格に自信をもてたのである。同業他社の動向を徹底的に調査しておくことは、価格戦略では必須の要素だ。

「ここは押さえておいたほうがよさそうだ」というライバル企業には、私が直接訪問したりしてみた。こうした敵情視察は何も特別なことではない。家電量販店や外食産業、自動車販売、住宅販売などほとんどの業種では、日常当たり前に行なわれていることだ。家電量販店では、客に扮した従業員をライバル店舗にはりつけて、刻々と変わる店頭表示価格を本部に携帯電話で連絡させているところもあるほどだ。

ところが、中小企業の場合、ほとんどの社長が敵情視察をしない。同業他社に電話をすることはおろか、訪問することさえ億劫がる。なかには、そうすることを怖がっている経営者さえいる始末だ。

それがどういう理由からなのか、正直なところ私には理解しがたい。例えばラーメン店を営んでいる経営者なら、近所のライバル店に食べに行って味を比べてみるだろうし、接客態度も観察するだろう。商店を営んでいる社長なら、他のお店を覗いてみて品揃えや陳列、呼び込みの声、価格などをチェックするはずだ。

大手電器メーカーでは、ライバル企業の新商品が出ると、すぐに購入してきて中身を分解し、その仕組みを解析する。リバースエンジニアリングという、昔から当たり前に行なわれているライバル分析の方法だ。ソニー創業者の井深さんがこれに熱心だったのは有名な話だ。

こうやって熱心にライバルを研究するのが社長の仕事である。敵情視察を行なわないのは、本気で会社運営をしていないからではなかろうか。ライバル店に電話をかけるのも、それとまったく同じ。行って観察するのと同様、電話で相手の様子を確かめるのもごくごく当たり前のことで、経営者には必須の仕事なのだ。

電話することを恐れる人は、お客さんのふりをすること自体を恐れるようだが、ライバル店に食べに行くときも、客のふりをしてメニューを見たり食べたりしているはずだ。それとまったく同じなのだ。後ろめたさを感じるのなら、相手の会社に敬意を払う意味で、実際に商品を買えばいい。

そうやって互いに相手を観察し、学び、自社へ応用していきながら、業界が発展していく。国全体も発展し、より消費者にマッチした商品が提供でき、サービス品質も上がっていく。これが市場原理というやつだ。敵情視察というのは、単にその小さなきっかけにすぎない。その小さなきっかけが「もっと儲かりたい」という自己満足を起点としながらも、世の中に大きく貢献し、社会の大きな発展をもたらしているということに、あなたも気がつかねばならない。

こうした敵情視察ができる経営者とできない経営者とでは、情報量に決定的な差がつく。

うまくいっている経営者は必ずこれらライバル分析をやっているのだから、ますます成功を収めていくのである。

敵情視察が価格決定の決断力を生む

敵情視察の必要性はご理解いただけただろうか。それがないと戦略的な価格設定は不可能だ。私が敵情視察でいつも見るのは、お店のつくりと雰囲気、そして接客態度だ。

ＮＴＴ代理店事業のときも同じだった。主にライバル会社の電話応対レベルを観察した。実際に電話をしてみると、「このぐらいの電話応対レベルなら、こういう工夫をすれば十分優位性を保てる」といった判断を下すことができる。その積み重ねによって、自社の電話応対の目標レベルを決めていた。

また、相手の会社規模を知るために、その会社を直接訪問することもあった。店や事務所のなかに入らなくても、ポストを見ればどういった会社なのかはだいたいわかる。これは理屈ではなく、過去の膨大な経験の積み重ねからもたらされる「直観」だ。そうやってポストを見れば、会社の規模がわかり業態もわかる。家族経営っぽいのか、若者中心の会社なのか。それともお堅い体質の会社なのか。そうすると、その会社がどの程度の価格帯で攻めてくるかを読むこともできる。こうやって「洞察力」を働かせることが必要となる。

NTT代理店事業のときは、実際にライバル企業を訪れてみると、大手企業の他は、ほとんどがマンションの一室でやっているような会社だったり、夫婦だけでやっていたり、お年寄りが電話番をしているだけの会社だったりした。そういう極端に二極化した業界だった。つまり、限りなく「ついで売り」商品という位置づけの大手企業と、粗利をそんなにとらなくても倒産しない零細企業ばかりだった。どちらもISDN回線を主力商品として億の売上を狙うような戦略的な発想をしてくることはまずないだろうと判断できた。

彼らはISDN回線の販売で会社を大きくしようだとか、若くしてリタイアしようなどという発想はまずないから、単純に価格を下げてくるだろう。しかし、大企業も零細企業も、このISDN回線については、安く販売して利益を圧迫しても倒産しない事業モデルだから、それでもおそらく満足して事業を継続するはずだ。そうすると、安い価格帯はこうした会社に任せて、うちはワンランク上の客層の、より高いサービスを求めるお客様を追求していこう――敵情視察によって、こういう決断をしていった。

ライバル企業のポストを見るという、他人から「バカじゃないの」と言われるような行動がバックボーンとなり、短期間で億単位の大きな成果を生むにいたったわけである。

ここまで私の実体験をいろいろと紹介してきたが、これらを通してあなたに理解していただきたいのは、価格というのは、いわば「氷山の一角」であるということだ。適正な値上げや最適価格による販売は事業成功の大きな条件だが、その実現のためにはいろいろな情報を収集し、事例を学び、きちんとした戦略を立て、さまざまな準備を整えておかなければならないのである。

目に見えている価格だけを追いつづけるのではなく、その価格の裏にある仕組みを見抜く洞察力。それを高めていく必要もあるのだ。

第4章

値上げ実現のための5つのステップ

顧客のために値上げせよ！

「値上げは悪」の観念を捨てるべし！

私自身の値上げの歴史を見ていただいて、値上げに対する抵抗感がなくなってきた方も多いだろう。だが一方で、私の事例は特別だと思う方、特別だとは思わないが自分にはなかなか踏み切れないという方、あるいはお客様から今以上にお金をいただくことに抵抗を感じている方もいるだろう。

そういう方のために、もう一つ私の実体験を記しておきたいと思う。私が最初に値上げに踏み切ったときの話だ。それは家庭教師の月謝ではなく、家庭教師派遣の際にいただいていた入会金の値上げだった。このとき、私は実に五〇%の値上げを実現した。では、なぜその値上げをしたのか。正直に告白すると、それは**単に「お金が儲けたい」**からだった。

当初二万円だった入会金を、私はある出来事をきっかけに三万円に値上げした。一万円の値上げをしても申し込みの数にはまったく影響しなかった。その値上げによる効果は、毎月二〇万円以上の収益増である。この値上げにいたったきっかけは、ある優秀な学生営業マンが間違えて、お金を余分にもらいすぎてしまったことだった。

このとき私に欲がなければ、「次からは気をつけるように」と言って終わりだっただろう。だが当時は創業したばかりだったし、そもそも私の起業の理由は〝お金儲け〟だった。そこで、「間違って一万円も多くもらってきたんだから、これからも三万円で大丈夫じゃないだろうか？」と考えて入会金を三万円にしたのは他でもない、「儲けたい」という私の気持ちからだった。少々自己弁護するなら、当時、私はまだ二四歳。欲望をもつなと言うほうが無理だろう。

しかし実際のところ、私の心のなかは非常に複雑だった。そのとき、私の内面で何が起こっていたのだろうか。一つは、単純に「儲かった」という思いだった。これで何のコストもかけずに毎月二〇万円から三〇万円の純利益が出るわけだから、すごく儲かる。嬉しい。

だがそれと同時に、こんな思いもよぎった。「今までとまったくサービスが変わらないのに、お金を多くいただいていいのだろうか？」。いわば私の心のなかの善人の部分からの囁きみたいなものだ。今にして思えば、このとき心の奥底からの声をかき消して、儲け一辺倒に走っていたら、おそらく今の私はなかっただろうと思う。

一万円の値上げが戦略発想を生んだ

入会金を二万円から三万円に値上げしたとき、私はこう考えた。「三万円をもらうに値するにはどうすればいいか？」。言い換えれば、「どうすれば三万円をいただいても、自分自身納得できるだろうか？」ということだった。

そう考えた末、私は「入会金は今までどおり二万円。それにプラス教師選抜費が一万円の合計三万円」という内訳にして、入会時に合計三万円をいただくことにしたのである。この決断はその後、一連の値上げを実現するきっかけになり、また家庭教師の質を向上させ、売上と利益を大きく伸ばすことにつながっていった。

教師選抜費として一万円をいただく以上、それまでいい加減だった教師の選抜をしっかり行なおう。それに値する教師の派遣ができれば、一万円多くいただくことに自分自身が納得できる。

私は申し込みを受ける段階で、あらかじめ生徒さんの勉強に関するカルテをつくるようになった。教科ごとの得意不得意、中間テスト、期末テストの点数、苦手な科目、場合によっては将来の進路、部活動の状況まで細かくヒアリングするのである。

あとで考えれば、それまでやっていなかったのが恐ろしいことだが、正直言って、私は値上げをして初めてこういったことの重要性に気がついたのだった。十分にヒアリングをし、例えば数学なら分数が弱いといったカルテをつくる。そうしたうえで家庭教師選抜の際には、それを踏まえた選抜を行ない、複数の候補者のなかから選ぶようにしたのである。当然苦手な部分を候補の家庭教師の先生に伝え、重点的に指導を行なってもらうようにしたことは言うまでもない。

私がこの経験を通してみなさんにお伝えしたいのは、決して値上げをマイナスにとらえないでほしいということだ。日本人は、なぜか〝金儲けは悪〟という意識が強い。それは税制を見ても、諸外国に比べて高額所得者が非常に高い税率になっていることからも伺える。また、とくに安い価格帯で販売することに慣れてしまっている経営者のなかには、「こんなにお金をいただいては申し訳ない」と思う人もいるようだ。

しかし、本当にそうだろうか。私が家庭教師事業で次々に値上げをし、結果的にお客様に喜ばれたように、高い価格でもそれに見合うだけのサービスを提供すれば、お客様は前にも増して満足してくれる。「申し訳ない」などと思うのは、まったくナンセンスなのだ。

少し厳しい言い方をすれば、「こんなにお金をいただいては申し訳ない」という経営者は、それに見合うだけのサービスを提供する努力を怠っていることになる。高いお金をいただく分、よりよいサービスを提供しようという思考に、ぜひ切り換えていただきたい。物で差別化ができない今の経済社会において、その考え方は必須である。

値上げは自分の会社のためでもあるが、お客様のためでもあるのだ。「値上げは悪」という発想そのものが大きな間違いであることに、一日も早く気がつく必要がある。

値上げ実現のための5つのステップ

ここで実際に、自分がつけている価格をちょっと思い浮かべてみよう。あなたはどんな考えで、その価格を決定したのだろうか。もし「ライバル会社がいくらだから、うちはこのくらいで」とか、「原価がこのくらいだから、利益をこのくらい上乗せして、だいたいこの金額」というように決めていたとしたら、その価格をすぐに疑ってみるべきだ。

そして、これまでいくつもの成功例を見てきたように、できるだけ早急に「値上げ」を実現する必要がある。なぜかというと、その決断だけで一瞬にしてキャッシュの流入を最大化できるからだ。とはいっても、戦略思考もなしにむやみに値上げをしたのでは、お客様の信頼を失い、離れていってしまう。

では、どうすればいいのか。それにはコツやポイント、順番というのがある。私が過去に実施してきた値上げのほとんどは、経験と勘で行ない成功させてきた。だから失敗や試行錯誤も数多くあった。そこで今回、成功事例を振り返り、みなさんが試行錯誤や失敗を経験しないでも値上げ戦略を成功させられる心構えを五つのステップでお話ししてみよう。

【ステップ1】顧客になって同業他社から学べ！

同業他社のサービスレベルを把握する

値上げ戦略において、同業他社から学ぶというのははずせない。必ず必要だ。相手の価格を見てこちらが決めるからではない。相手の価格ももちろん貴重な情報として活用するが、同業他社の動向を観察するのは、**同業他社のサービスレベルを把握する**ためである。サービスと言っても、電話応対、接客、店づくり、雰囲気、清潔感、発声、梱包、スピード感、商品品質など多岐にわたるからだ。

なぜこのような同業他社の情報が必要なのか。それは、**値上げ戦略を成功させる狙いどころ、つまり目標値を把握するため**である。

価格を上げた場合、お客様は当然その価格に見合ったサービスを期待する。そのお客様が期待するサービスレベル、商品品質に達していなければ、お客様は期待を裏切られたと思って離れていく。クレームを生む原因にもなる。自分が提供している商品やサービスがどのレベルにあるのか。それを知るためには、同業他社の商品やサービスを知らなければならない。そして、業界での価格帯ごとのサービス水準を把握するわけだ。

私の事例でお話ししてみよう。NTT代理店事業での最大のライバルは、実は、ことあろうにNTT本体だった。同じ商品を全国で直販しているのだから、一番バッティングするのがNTT本体だ。だからこの場合、観察すべきはNTTの動向である。

当時、NTTのISDN回線の申し込みは電話で行なうことができた。ところが、ISDNの申し込みを電話ですると、ほとんどの場合たらい回しにされた。保留も多かった。電話に出る担当者に商品知識と申し込みの際に必要なヒアリング項目が十分に把握されていなかったからだ。そのため、申し込み手続きが終わっても、そのあとで連絡があり、「すみません、お聞きするのを忘れていたことがございまして……」と、再度申し込み内容について尋ねられることは珍しくなかった。私はNTTの代理店でありながら、実際にNTTへISDN回線を申し込んで、こういった点を観察していったのである。

こうしていくうちに、最大のライバルの品質レベルが把握できる。通信業界というのは、最終的に提供される「通話」という商品はどこで申し込んでも変わらないから、観察すべきは商品ではない。それに付随するサービス全般を観察すべきなのだ。こうして私はNTTのサービスレベルを把握し、自分が目指すべき目標値を定めていった。

同業他社の動向を見る

値上げへのプロセスの第一ステップは、同業他社の動向をくまなく観察することだ。直接訪問したり、電話をかけたりして他社の動向を観察し、他社のもっている販売力やサービスを知ることで、それに負けない販売戦略が立てられるようになる。それと同時に、他社と比較することで、自分の会社がその価格に見合ったサービスを提供できるかどうか、お客様の期待を裏切らない商品を提供できるかどうかを判断することができる。

訪問や電話の他にも、同業他社が求人誌などに出している広告やダイレクトメール（DM）、あるいは業界紙などから、同業他社の情報を集めることが必要だ。

私がとくに重視したのは求人誌である。人を募集しているということは、事業を拡大しているか、欠員補充を求めているということだ。それなりに事業が活性化していることの裏返しだから、「なぜこの会社は儲かっているのか」と考えるヒントになる。また、常に求人募集をしている会社は、よほど人の定着が悪いか、常に事業を拡大しつづけているかのどちらかだと読むことができる。いずれにしてもライバル企業の求人状況は、その企業の状態を把握する重要な情報源になりうる。

同業他社の動向を観察する際、一番いいのは実際にその企業の商品を購入してみることだ。自分が顧客になれば、申し込みのプロセスが一通りわかるし、サービスも体験することができる。その会社の戦略が見えてくるのである。

同業他社の営業を快く受け入れることもいい方法だ。通常、他社の営業を相手にするのは面倒だが、あえていろいろな企業の営業マンからの電話や飛び込みの訪問を受けてみると、意外にヒントが得られることがある。とくに同業他社の営業マンが営業に来ることも多かったが、そういうときはチャンスだった。私も勉強の意味で、それらの機会があれば一通り話を聞くようにした。

もう一つ、同業他社の動向を把握するうえで比較的簡単に誰でもできることがある。それは電話をしてみることだ。

経済界というのは、お互いを研究することによって業界が発展していく。「盗んでやる」というような気持ちで電話をしても、本当に必要な情報は得られない。先輩としての同業他社からヒントを得るために、実際に訪問したり電話をしたりして学ばせていただく。そういった謙虚な気持ちをもつことが重要だ。

【ステップ2】自分を客観視して付加価値をつくれ！

「なぜお客様はうちに申し込んだのか？」を自分に問え

二番目のステップは、サービスをより充実させ、商品や会社自体に付加価値を創造することにある。サービスの充実や付加価値づくりについては、すでにたくさんの情報があふれている。いろいろな書籍などで学ぶこともできる。しかし、それができている経営者はなかなかいない。

なぜできないのか。それはいろいろなことを学んでも、その前段階でクリアしておかなければいけないことができていない経営者がほとんどだからだ。そこでここでは、そういったサービスや付加価値をつくり出すために必要な作業の前段階について、お話ししていこう。

サービスや付加価値を充実させるためにまず必要なのは、**自社の立場、お客様の評価を客観的に知ること**である。評価を気にしてはいけない。把握するのである。自らの立場を十分に把握しないで、得た知識や情報だけで一生懸命に付加価値を高めようとしても、現状とのギャップがあるうちはうまくいかない。何事も身の丈に応じた行動が成功のコツである。

自社の立場を客観的に認識すると言っても、それは結構難しいことだ。人間は、他人のことはわかっても、自分自身のことは意外とわかっていないものだからである。それは、会社の経営でも同じだ。なかなか自社のことを知るのは難しい。だからといって、把握する必要がないとは言えない以上、同業他社の動向を見ると同時に、自分の会社のことをよく知らなければならない。

自社のサービスや提供する商品、会社のPRポイントをしっかりと分析しておくことが必要だ。商品のUSP（ユニーク・セリング・プロポジション＝他にはないセールスポイント）は何か、会社のUSPは何か、社長自身のUSPは何か。そういったことを知る必要がある。

そのときに非常に役立つポイントがある。それは、**自分自身に対して効果的に質問をすることである**。その質問とは、**「なぜお客様はうちに申し込んできたのか？」**である。そうすると、お客様が申し込みをした理由がわかってくる。それは自ずと自社の優位性、メリットを客観視することになってくるのだ。

私がこういった考え方をするようになったのは、家庭教師の派遣事業をしていた頃にさかのぼる。「このお客様は、なぜうちの家庭教師に申し込んでくださったのか？」と、お客様の申し込み動機を考えていたわけだ。お客様の動機を考えてみることは洞察することでもある。

そうしていくと、いろいろなポイントが浮かんできた。家庭教師の人柄、提供するプログラム、訪問した営業マンの態度、期待、あるいは何でもいいからとにかく急いで家庭教師に来てもらいたいという事情もあったのかもしれない。そうしたことをいろいろと考え、お客様の申し込み理由をよく考えてみた。この結果が、思い切った各種の値上げにつながっている。

お客様の申し込みの動機を考えてみると、「安いから申し込んだ」「入会金が二万円だから申し込んだ」という理由はどこにもなかった。つまり、価格は商品購入の動機づけにはなっていなかったのだ。お客様は皆サービスレベル、商品品質に重点を置いて購買を決定していた。だから、値上げをしても大丈夫なはずだ、という自信が生まれたのだ。

無関係者こそ最大の功労者

自分の立場を客観的に知る方法として、自分に対して質問をする代わりに、社外の経営者から教わることもできる。なぜ社外の経営者なのか。自分自身や自社が抱えている問題を解決するための飛躍的なヒントは、実は、**自分と関係性の薄いところからもたらされることが多い**からだ。

これは、スタンフォード大学のマーク・グラノヴェター氏が一九七三年に提唱した「弱連結の強み」という概念である。私はこのような関連性の弱い、あるいは薄いつながりのことを「ウィークポジション」、逆に強い関連性で結ばれている間柄を「パワーポジション」と呼んでいる（拙著『お金がないから成功できる「波乗り」経営』フォレスト出版刊に詳しい）。

通常、経営者は、問題解決の方法を社内の人間や家族、同業者など「パワーポジション」に位置する人から求めようとする。それはたしかに、日常的で短期的な問題解決には力を発揮する。「改善」は可能というわけだ。

だが、もっと飛躍的な問題解決策や画期的な儲けのヒント、抜本的な値上げなどを成功させるためには、自分と関係性が薄い「ウィークポジション」にある立場の人々からヒントを得ることが必要となる。それは改善ではなく「改革」の領域だからだ。

一見無関係な他業界だとか、社外の人、居酒屋で隣の席の人などまったくの他人が、あなたの悩みを改革レベルで解決するヒントをもち合わせている場合が多い。素人が思いがけないアイデアを出してくるのは、こういったことからだ。

例えば私の場合であれば、学生が営業職についたり、営業課長としてマネジメントを行なうことは当然だと思っていた。ビジネスに年齢は関係ないと思っていたからだ。しかしある日、印刷業を営む社長から「パスメディアのすごいところは、学生中心、アルバイト中心でやっているところだね。うちにはとてもまねできない」とのご指摘をいただいた。それがきっかけで、私はそれが自社の強みなのだと初めて気がついたのだった。

社内の人間や同業者であればそうは思わない。社内や業界内ではそんなに珍しいことではないからだ。「学生が中心となって運営している家庭教師派遣センター」ということ自体が優位性だということを、まったくの異業種の社長が教えてくれた。以後、それを全面に打ち出して営業攻勢をかけていったのはもちろんのこと、社内研修や面接、採用時においても改めてその優位性や他社との違いをうたい、従業員のモラールアップにつなげていくことができた。

また私が行なってきた事業のほとんどは、まったく異業種への進出である。教育産業からアミューズメント業界、それから通信事業、外食事業、システム開発へと、常に関係性が薄いところへ進出していった。経営のノウハウは常に他業界のものを導入し成功していった。

すべてやることが斬新だったからこそ、短期間で圧倒的な業績を残すことができたわけである。他業界から冷静にその業界を見ることができるので、自分のポジションや経営レベルを過大評価も過小評価もせず、客観的に把握できる。立場が常に「ウイークポジション」だったからだ。これが「ウイークポジション」がもたらすビジネスヒントのすばらしいところである。

こうやって自社の客観的スタンスを把握することが、商品品質やサービスレベルを高め、付加価値づくりをしていく最低限の条件である。そこからスタートして、いろいろな知恵やアイデアを付加していく。そのためにも、まずは自分の現在地を知らなければならない。

それができていないと、何をやっても現実との乖離が大きく、やることなすことがすべて絵に描いた餅に終わってしまう。現実と目標値のギャップが大きすぎるから、一段ずつ階段を上ることができない。その間のギャップを埋めることができず、どんなにすばらしいアイデアや施策も実行できないまま、プロジェクトは頓挫してしまう。クレームも増えるだろう。そうなると値上げ戦略も実践できない。

まずは、自身の現在地を把握することが、価格戦略プロジェクトを成功させるスタートとなる。

【ステップ3】現場主義！ 現場にお金は落ちている

社長は特殊な感性をもつ人間だ

お客様の申し込み動機を知り、自社の優位性を自覚できるようになることが、サービス向上や付加価値の創出につながる。しかし、自分自身に問いかけをしてお客様の動機を洞察することが苦手だという方もいるだろう。そういう場合は、**とにかく現場に接すること**だ。現場に接することによって、お客様の生の声を拾い上げることができる。

企業の経営者というのは、そもそも感性が豊かな人間である。その素質があるからこそ、市場や消費者のニーズを他の人間よりも敏感に察知することができる。だからこそ、「社長」という極めて特殊な社会的役割を担っていられるのだ。そういう種類の人間が社長と呼ばれる人たちである。

私がここで言う「現場主義」とは、**社長の感性を最大限に引き出す「環境」をつくろう**、ということだ。その感性を引き出す環境とは、管理部門でもなく経理部門でもなく総務でもなく、営業の現場である。同じ現場に接しても、他の人間では気づかないアイデアや付加価値も、社長という感性豊かな人間であればそれに気がついたり、アイデアやひらめきが降ってくることも多い。だからこそ、社長は定期的に営業の現場に触れることが大切なのだ。

社長の現場への接触頻度とアイデアの数は比例する、と私は思う。そして、それは新規事業の創出数にも比例し、またそれが値上げの元となるヒントを社長自身が見つけ出すことにもなっていくのだ。

儲けつづけている企業、高い価格で商売ができている社長は必ず現場を重視している。現場に定期的にタッチしている。社長がもつ特殊な「感性」を刺激する行動をすること。それが値上げを成功させる大きなコツでもあるのだ。

さらにお客様アンケートをとろう

とはいうものの、時間的に限界がある場合もあるだろう。また、現場に接する以上に深くお客様の生の声を知りたいという場合もある。そういうときに大変有効なツールが、アンケートだ。お客様にアンケートをとるとよい。さらに深い市場の声が聞ける。何かのきっかけで、率直に「今後の参考にしていきたいので、ぜひ今回私どもにお申し込みいただいた理由をお聞かせいただけますか？」と聞いてもいいだろう。

ではここで、私が実際にやっていたアンケートのトークを公開しよう。これは電話でできる方法だ。当時のマニュアルをそのまま転記する。

「パスメディアの○○です。先日は○○のお申し込みありがとうございました。早速ですが、昨日商品が届いたかと思いますが、ご確認いただけたでしょうか？（問題なくご利用になっていますか？　特に不都合はございませんか？　など臨機応変に）ありがとうございます。よかったです。一応確認までにお電話を差し上げました。あ、最後に私どもでは、サービスのレベルアップのために、簡単に二、三アンケートを皆様にお願いしておりますが、○○様はご協力いただけますか？　はい、ありがとうございます。では、早速ですが……」

こう言われて、「ノー」と言うお客様はまずいない。ほとんどのお客様はＯＫしてくれる。この電話は「ありがとう電話」と社内で呼んでいた。商品が納品され、すべての受注プロセスが完了したときに行なう、お礼のあいさつ電話だ。当初はお礼が目的だったが、どうせなら何かお声をいただこうというアルバイト生のアイデアからアンケートをするようになった。

具体的なアンケートは……

「数あるＮＴＴ代理店のなかで（同じような商品を販売しているお店があるなかで）、私どもをお選びいただいて今回申し込みされた理由は何でしょうか？」

「担当者の応対、接客にご不満はありませんでしたか？　もしございましたら、何なりとお聞かせください」

「もし、この点を改善するともっとよくなるというところがございましたら、ぜひお聞かせください」

などと聞くわけだ。もちろん、他の質問や聞き方もあるだろう。あなたも自分の会社に当てはめて、ぜひ応用してもらいたい。

このアンケートの結果、「やっぱり」ということがわかってきた。申し込み理由のほとんどは「丁寧な電話応対」だったからだ。やはりお客様は、結局安心を求めていたのである。次に多かったのは「すぐにできるから」。つまりスピードだ。「価格が高い」という不満はまずなかった。もうちょっと安くしてもらいたいという意見もほとんどなかった。

私の会社への申し込みでは、価格は動機になっていなかった。安いからという理由で申し込みをされている人はいない。だから値下げしても、申し込み数が増えたり口コミになったりすることはないワケだ。それをきちんと把握できていたから、値下げをせず、堂々と高価格戦略がとれたわけでもある。

また、今後の自社がとるべき戦略が、品質アップ、従業員教育にあるということがわかってきた。当然そうすると、付加価値を考えたり従業員教育、研修を充実させていく。価格を下げるという発想ではなく、**一生懸命にサービスアップや付加価値を創造していく**ことになる。そのため、私は当時抱えていた全従業員、当然アルバイト、パートや派遣社員までも含めて、必ず月一回、NTTユーザー協会が主催する電話対応研修に全額会社負担で参加させていった。あるときは大阪まで出向いて、ある大手ソフトメーカーが主催する電話対応研修にも参加した。もちろん、私自身もだ。

その努力があるからこそ、それに見合った金額をお客様に堂々と提示できるようになるのだ。**値上げしてもビクビクしない**。「私どもの会社はここまでやっています。だからこの価格なのです」と言える。

この努力が足りない会社は、そういうセリフが堂々と出てこない。常に値上げにビクビクしてしまう。恐る恐るやる値上げは、その自信のなさが従業員にも伝播し、社内のモラールダウンとなる。それはお客様にも「不信感」という形で伝わっていく。このちょっとした差が値上げ戦略の成否を大きく左右するのだ。

お客様の購入動機を把握することで、申し込みにいたった本当の理由が見えてくる。誰でもすぐに電話でできることだ。あなたもすぐにやってみてはどうだろう。その積み重ねで自社の優位性、特徴、客観的な評価が見えてくる。それがサービス充実、付加価値創造のスタートとなってくるのだ。

より素人に近い従業員に聞く

アンケートとともに、社長のあなたがすぐに実践できることとして、「従業員に聞いてみる」という方法もある。中小企業のほとんどは、社長が強力なリーダーシップで会社を引っ張っていくから、社長にはあまり従業員の話など聞かない人が多い。

だが、しょせん社長が一人で考えることには限界がある。他人の意見を聞くことは、中小企業では大企業以上に重要だ。そのときのコツは「より素人に近い従業員に聞く」ことである。素人に近いほうがお客様の立場に近いから、貴重な意見を聞くことができる。「素人に近い従業員」とは新人、もしくはパート、アルバイトの従業員。彼らは会社の商品なり、サービスなり、会社なりを社員や社長とは違う視点から見ているからだ。

私の経験では、アルバイトの高校生や大学生の意見が大変参考になった。彼らは素人でありながら、学校の友達や先輩、後輩、親などからの、社長の私にはわからないさまざまな情報をもっていた。お客様の気持ちや、外には表われない同業他社の評判や情報をもっていることもある。それに助けられたことも数多い。素人に近い従業員ほど、通常得ることができない貴重な情報をもっているものだ。

往年の野球の名選手であり、監督として通算一七七三勝の記録を誇る故・鶴岡一人氏は「グランドに銭が落ちている」と言ったそうだが、通常のビジネスでも同じだ。お金は現場に落ちているのだ。

【ステップ4】組織力——組織の意思統一が図れる仕組みをつくれ！

反発があるから画期的なアイデアが生まれる

四番目のステップは、組織力。「組織の意思統一」だ。

言葉で言うのは簡単だが、実践となると非常に難しい。実は三つめのステップまでできる人はけっこういるが、この段階で詰まってしまう人が多い。

例えば、値上げを成功させるためには、いろいろな仕組みやサービス、社内体制を改善しないといけない場合がほとんどだが、陣頭指揮をとる責任者を決めた瞬間に組織のなかに軋轢が生まれることはよくあることだ。それがきっかけで、せっかくの戦略が機能しないといったケースは珍しくない。

三つめのステップまでで考えてきたアイデアを、いよいよ実践する場面になって、その実行力に大きな差が出てしまうのだ。

組織というのは、今までと違ったことを行なえば必ず反発がある。組織やそのメンバーにとって明らかにプラスとなることを行なう場合でもそうだ。人間は今までと違ったことをやられると本能的に反発するものだ。習慣を変えるのが嫌な生き物だからである。だからこそ、こういった**反発があることを前提に、組織の意思統一がなされる仕組みをいかに築くか**がポイントなのだ。

そのコツは、ステップ3までの過程において、実はステップ4の**組織マネジメントを同時並行で考えながらプロジェクトを進めていく**ことである。それが「組織力」を最大限に発揮する秘訣である。値上げを実行するための準備段階から「何を誰に担当してもらうか」「誰をどの部署に移動させるか」「この仕事はあの人に任せよう」「こういう教育研修が必要だ」など、新たな組織づくりをイメージし、マネジメントのことを常に考えながらプロジェクトを進めていく。これがポイントだ。

マネジメントは長いスパンで構想を練っていけば、出てくるであろう反発はある程度予想がつく。そうすると、反対勢力に対する説明や説得するための知恵も出てくる。根回しもできる。その時間も十分にある。

一方、失敗するマネジメントは、突然人事を行なったり、組織変更、体制変更を行なう場合に起こりやすい。時間的余裕がない状態で、事情説明や趣旨、目的などを説明しなければいけないから、なすことすべてが対症療法的になってしまうのだ。超ワンマン経営やカリスマ経営者であればそれも可能だが、価値観が多様化している現在、その手法でメンバーを引っ張っていくのは至難の業である。強制しても、当然メンバーは納得しない。モラールも下がる。それでは成功はおぼつかない。

プロジェクトの初期段階からマネジメント構想をもつこと。それがつまらない反発を未然に防ぐことにもなる。

反発者を味方にするコツ

それでも必ず反発者は出てくる。マイナス思考の人も多いだろう。

「そんな価格にしてしまったら、売れない」

「お客様を説得できない」

「今までのお客様になんてお話をすればいいんだ」

「社長は儲かることしか考えていない」

「ライバルにますます水を空けられてしまう」

「値上げするんだったら、営業目標なんて達成できなくて当たり前だ。いい言い訳ができてありがたいや……」

などなど。従業員とは勝手な生き物である。

値上げはいわば、社内の改革を促すことでもある。旧態依然とした古い体質を一気に崩していくことにもつながっていく。値上げは会社の〝改善〟ではなく〝改革〟だ。だから、他のプロジェクト以上に反発を招くことが多い。社長のほとんどが値上げを実行できないのは、この改革にともなう反発を恐れるからだ。だから、いつまで経っても実行できない。ここでは逆に「反発があるからこそ、いい方向に進んでいる」と考えるべきなのだ。

社長のあなたにとっては、反発する従業員はさぞかし面倒な存在だろう。辞めてもらいたいと思ったりもする。私もそうだった。だが、ちょっと待ってもらいたい。そういった反発するメンバーを味方にすることができたとしたら、どうだろう。それほどありがたいことはないのではなかろうか。

強硬に反対する人ほど、売れる営業マンであったり、優秀な従業員である場合が多い。彼らを敵に回して終わるのか、それとも味方にして値上げプロジェクトを成功させていくのかでは、会社の未来が大きく変わってくる。だからこそ、反発してくるメンバーを味方にすることが、社長のあなたに求められるのだ。

その方法で私が常に意識していたのは、動機づけだった。そいつをやる気にさせれば勝ちである。新しいプロジェクトに向けてやる気を出してもらえるように、動機づけを行なうわけだ。

ここで間違いやすいのが給料である。給料を上げるとか、手当を充実させるとか、ボーナスを上乗せするといったことで、「動機づけができた」と思う社長がいるが、それでは必ず失敗する。給与面での待遇改善は次善の策にすぎない。まずは本人のやる気、働く動機、プライドをくすぐる動機づけ。これが大切なのだ。そのプロジェクトにその人なりの「やりがい」を見出し、提示させ、意識させてあげるのだ。

会社の抱えている問題点、危機にある状況を正直に話し、そのうえで目標なり将来の目指す方向なりを擦り合わせる。それらの問題解決にはお前が適任なのだと、あなたの思いを率直に伝える。そうやって奮起を促すことが社長の仕事だ。

そう言いながら、まだまだ私にもなかなかできていないのが、こういった動機づけをはじめとするマネジメントの分野である。今でも、「だったら辞めちまえ」とつい思わず言ってしまう。恥ずかしい話だ。こういったマネジメント分野は経営者の永遠の課題だろう。マニュアルにはできない。人間という感情をもった生物に触れる分野だからだ。理論立ての説明も無理だ。仮にできるとすれば、それは占いじみた方法しかない。だから社長歴が長い社長ほど、占いにはまる傾向がある。

　大切なのは、失敗を恐れず常に前向きに取り組んでいく姿勢。そして、失敗を重ねて学んでいく「行動力」だ。そうやって経験を積んでいくこと。それが成功のコツだと思う。給与などの制度面は、あくまでそれを補佐する補助輪にすぎないのだ。

使える反発者、使えない静観者

　そもそも反発するメンバーというのは、やる気があるから反発している。あなたはそのことに気がついているだろうか。それは彼らの会話を聞いてみるとわかる。退社後の居酒屋なんかでの会話だ。使える反発者の話はこうである。

「俺だったら、あんなアホなことはしない。俺だったらこうやる。そっちのほうが絶対にうまくいく。だってそうじゃん。そのほうが会社も儲かるし、俺らの給料も上がるじゃん。だろ？　だいたいさ、うちの社長や部長はバカなんだよ。あったま悪いよなぁー」

　これがやる気のある反発者の典型的な居酒屋での会話だ。ポイントは**「俺だったらこうする」というビジョンを語っていること。これが「使える反発者」の特徴だ**。そういう人材は、すでにこの「居酒屋演説」の段階で何人かの賛同者を得ている。リーダーシップもあって部下の人望も信頼も厚い人材だ。ちなみにこういう人間は、独立しても成功する人たちである。

この「俺だったらこうする」という部分がない者は、「使えない反発者」にすぎない。グチを言って足を引っ張って終わり。何かを任せても、期待に添う結果を出すことは少ない。それが見極めのポイントとなる。

一方、そもそもやる気のない人は新プロジェクトが進行していっても静観している。もしくは、じっと上司の言うことを聞いている。とくに意見も何も言わずに従順についてくる。そういう人の社外での会話はこうだ。

「ねえ、何かおいしい仕事ない?」

だいたいは転職を考えている。が、実際の一歩は踏み出せない。だから社内においても、今一歩が必要な新しいプロジェクトでは後からついていくだけで精一杯なのだ。

こういった居酒屋での会話まで掘り下げてマネジメントを考えていくことが、組織力で値上げを成功させるコツになってくる。そもそも最近の若者は、家に帰ったらだいたいファミコンをしているか、携帯でメールをしていることが多い。それに比べれば居酒屋で仕事の不満を熱心に語っているやつほど、あなたの右腕になりうる可能性が高い。そう考えれば納得がいくだろう。

マネジメントがうまくいくかどうかは、会社への影響が非常に大きい。うまくいけば会社が救われるし、なにより社長が楽になる。さらに、反発していたその人間がナンバーツーになる可能性が高い。そういう人材は自分なりの価値観や意見、考えを常にもっているので、社長のものまねで終わらない。これほどありがたいことはない。現に、うまくいっている共同経営者のほとんどは、そういう関係である。経営トップが主従の関係では成功しない。

社長が行なうマネジメントの本質は、メンバーの潜在能力を引き出すことにあるが、ポイントはそのきっかけづくりをしてあげることだ。反発するメンバーの力ややる気を発揮させる環境やきっかけをつくっていく。動機づけを行なっていく。組織の力を発揮していくうえで、こういったコツを知っているのと知らないのとでは雲泥の差がある。

反発している人材がなびいてくれれば、そのグループや部署の人間全員がついてくる。元々プロジェクト自体に賛成しているグループとそうでないグループとがブレンドされる。こうしてプラスの面もマイナスの面も両方知り尽くしている強い組織ができあがってくるわけだ。こうやって変容を遂げながら成長していく組織が、強い会社をつくり上げていく。

かのダーウィンは『種の起源』のなかで、「適者生存の法則」についてこう語っている。もっとも強い種、もっとも数の多い種が生き残るのではなく、もっとも環境に適した種が次代に生き残っていくのだ、と。

変化しないものは増えつづけないし、生き残れない。これは組織でも同じことが言える。古い人材と新しい人材、古い習慣と新しい習慣、従順な人材と革新的な人材。それらがミックスされ、常に変化していく組織は環境適応能力が高く、強い組織になっていく。ビジネス環境の変化が激しい現代社会において、企業が生き残る秘訣はこういった「変化力」だろう。このような組織であれば、当然値上げのプロジェクトにも柔軟に対応できていくというわけだ。

【ステップ5】実行力――その一瞬の行動が未来を決めていく

行動しなければ意味がない

当たり前のようだが、最後のステップとして絶対に求められるのは「実行力」である。

世の中で間違いない事実があるとすれば、成功している人は必ず行動しているということだ。いくらステップ4までできたとしても、行動しなければまったく意味がない。

ところが実際には、すぐに実行に移せない経営者が少なからずいる。「明日からやる」のでは遅い。今できることは、今すぐにその場でやる。とくに、社長が自ら動くことが非常に重要だ。今すぐ担当者と本書についてディスカッションする。ミーティングの機会をもつために電話をする。その一瞬の行動が未来を決定していくのだ。

もう一つ、「実行力」でぜひ考えていただきたいのは、「できない営業マン」や「落ちこぼれ社員」「下っぱのアルバイト生」にプロジェクトを任せてみることである。現実問題として、できる人間ほど忙しく、他の重要なプロジェクトを抱えている場合があり、物理的に任せられないことがある。だから後回しにする社長の何と多いことか！ もっともな言い訳だからだろう。

しかし、それは言い訳でも何でもない。社長のあなたのマネジメント領域が狭いだけだ。それに例えば、できる営業マンにやらせても、他の営業マンは「彼ならできて当たり前だ」と思うし、「どうせ自分がやることじゃない」と他人事のように思ってしまうかもしれない。これでは社内にやる気のない者が増えてしまい、組織全体の実行力が弱くなる。社長と一部の従業員のために存在する会社になってしまう。

ところが、できない営業マンや落ちこぼれ社員、さらにアルバイト生に任せてみて、彼らが結果を出したとなると、それはちょっと意味が違ってくる。組織に与えるインパクトの大きさが違う。意外性が大きいからだ。それはマンネリ化している組織に刺激を与える。「あいつにできるなら、自分にもできる」というやる気と同時に、「あいつに負けていられない」という危機感も生まれ、自然発生的に全員が動くようになるのである。

社長のあなたは、それらできの悪い従業員が成果を出せるようにアシスタントしてあげるのだ。あなたがでしゃばってはいけない。だが引っ張っていかねばならない。これがあなたの仕事。「手柄は部下、責任は社長」の精神だ。

トップ自らが率先して行動すると同時に、できの悪い社員や末端のアルバイト生に責任ある役割も担わせる。それが成功すれば彼らにとっても大きな自信になり、以後人が変わったように生き生きと働き出すことは珍しくない。こうすることで、組織全体が実行力のあるパワーに満ちたものになっていく。

四つのステップと最後の行動。これら五つを実現できれば、あなたは値上げを成功させることができるはずだ。そればかりでなく、値上げを実現させる過程で、あなたの会社は戦略思考にもとづいたパワーと組織力をつけている。

しかし、まだ一つ、大きな問題が残っている。

それは、「そもそもいくらに価格設定をすればいいのか?」という問題だ。

次の章では、いよいよ画期的な「価格決定法」をお教えする。

このノウハウを知ることで、あなたは顧客感情に合った最適な価格を知ることができ、なおかつ利益を最大にする価格、顧客を一気に獲得できる価格などを知ることができるのだ。

第5章

適正価格がズバリとわかる！驚異の価格決定法

今つけている価格を疑え！

市場が二極化する時代では、先に行動した者が勝利する

これからは、どの業界も市場は完全に二極化していく。二極化とは別の言い方をすると、価格を上げるか、もしくは価格を下げるかのいずれかを行なえば、顧客が集まるということである。しかし、中小企業の場合、値下げによる効果は限定的だ。まして、長期的視点から見ると、値下げはブランド力を構築することにはなりえず、長期的にその効果を見出すのは至難の業と言ってもいい。かえってマイナスとなる場合が多いだろう。

そうなると必然的に、中小企業に残された選択肢は値上げ戦略を実行するしかない。

ここで大切な事実をご紹介しておこう。しっかりとした価格戦略を実行し、最適価格で商売を始めた企業にどのような変化が起こったかである。それは次の二つだった。

①値上げした場合、顧客が流出することなく、**一瞬にして手元に残る現金を最大化することができる**。

②値下げした場合、値ごろ感が生まれ、**一気に顧客数を増やすことができる**（ただし、後に述べる「値下げ戦略の落とし穴」に注意しなければ成功しない）。

要するに、価格変更は良いことは起こっても、悪いことは起こらない。最も良くないのが、同じ価格に停滞することだ。つまり、**成功するための鍵は、適切な価格設定を行なうこと**にあるのだ。詳しく言えば、

①他社に顧客が流出することなく、値上げが可能な高値の上限（**プレミアム上限価格**）

②または、値ごろ感を演出し、一気に他社から顧客を奪える下値（**バリュー下限価格**）

これらを知ることが、価格戦略を成功させることになるのだ。

では、どうやって適切な価格を決定したらいいのだろうか。

多くの会社が適切な価格設定ができないのは、価格の設定方法を知らないからだ。顧客を流出させないプレミアム上限価格はいくらなのか、顧客を一気に獲得できるバリュー下限価格はいくらなのかを判断する材料が中小企業にはない。大企業であれば、人員と費用をつぎ込んでその価格調査を実施できるだろうが、われわれ中小企業にはそういった余裕はない。

しかも、価格変更というのは大変なインパクトがあるから、一度変更したものを、また後から変えるのは至難の業だ。だから怖くて手がつけられない。社長の本音は意外とこういうところにある。

ということは、どういうことか。そう、それはあなただけでなく、**ライバルも動けない**ということ。だったら、**先に行動してしまったほうが勝つ**、ということでもある。しかも、適切な値づけ方法を知っていれば、それだけで圧倒的な競争力をもつことになる。これがプライシング戦略を知っている企業が生き残っていく理由だ。

[コラム] 値下げ戦略の落とし穴

値下げを行なってもいい場合がある。明らかに成長期前半の商品であったり、これから普及していく商品や業界で、先行企業として導入期にあり、普及期に入るに際しての商品大量供給による自然現象的な値下げの場合は、値下げをしなければライバルに水を空けられてしまう。今で言うDVDレコーダーのような商品だ。

その値下げ戦略を成功に結びつけるには、次のようなことを同時並行で行なわなければ失敗する。メイン商品の値下げといっしょに、企業ブランドを構築するだけのステータス性のあるワンランク上の商品を同時にリリースし、普及価格では満足しない顧客層を取り込むのだ。

また、値下げによって増えた顧客に対して、他の高粗利商品を常に案内しつづける「顧客囲い込み戦略」も行なわなければ、いつまで経っても安い商品を供給しつづけ、低収益性の商品だけに頼ってしまう経営に陥る。

今まで見てきた事例からも、そういう一本柱の経営では、これからの企業は生き残りが難しいのは明白だ。値下げを行なう場合は、自社や商品のライフサイクルを把握し、値下げと同時並行でステータス性が高いハイエンド商品をリリースする。そして顧客の囲い込み戦略を同時並行で行なわなければならない。当然、一番求められるのは、社長であるあなたの覚悟だ。

誰でもできる利益最大化の価格調査法があった！

企業経営において、利益を最大化する価格決定法がどれだけ重要かについては、すでにあなたは知っている。しかし、「ではいくらに設定すればいいのか」「今の価格をいくらに値上げすればいいのか」となると、今一つよくわからないのではなかろうか。

今までの話のなかでも、具体的に「じゃあ、いくらにすればよいのか」というプライシングの具体論は提示していない。どうしても経営者の勘や経験に頼ってしまう傾向が高いのが、この具体的な価格の決め方の部分であるからだ。

私が行なってきた事例についてみても、確固たる理論や計算式があって決定した価格ではない。経験則がメインであると言っていいだろう。しかし、そのままではいくらに価格を設定していいのかはわからない。価格についての本は他にもたくさん出ているが、「利益を最大化する価格の決め方の具体的方法」にまで踏み込んでいる本はないのではなかろうか。

そこで、誰もが適切な商品価格を具体的にマスターすることができる価格調査の方法を、ここでお教えしよう。この方法は誰でもできる簡単な方法だが、非常に強力である。この方法を知って以降、私も自分の価格戦略を実行するデータとして最大限に活用し、非常に大きな成果を生んでいる。

これから説明する価格調査の方法は、本書監修者の神田昌典氏が「感情価格決定法（エモーショナル・プライシング）」と呼んでいる方法だ。このノウハウは、私や神田氏が生み出したノウハウではない。ビジネス界のアインシュタインとも言われている米国のコンサルタント、マーティン・シェナルド氏が開発したノウハウである。

マーティン氏は、本は一冊も書いてないが、コンサルタントとして過去一五年間で二〇〇〇億円以上の収入を築き上げている驚きの人物だ。そしてその驚異的な彼の実績に神田氏は目をつけた。彼はマーティン氏のノウハウについて数千万円の投資を行ない、日本での独占ライセンスを得ている。

これからお伝えする情報は、それだけの価値があるノウハウだ。今までこのノウハウは、神田氏が主宰していたダントツ企業実践会（現在は休会）の会員の方にしか公開されていなかった。こうやって本で広く公開するのは初めてのことである。

現在のデフレ下における価格設定の重要性、そして私が過去に行なってきた値上げ戦略をより多くの方に理解し、価格戦略を成功してもらうためには、正直言ってこのノウハウがないと無理である。そこで今回、一六〇〇円という価格で思い切って、この貴重なノウハウを公開することにした。

ズバリ！　売上と利益を最大化する適切な価格の予測法

「感情価格決定法」という価格調査は、いったいどんなノウハウなのだろうか。実は、この調査で行なうのは、一六七ページにある一枚のアンケートを四〇人の見込み客に記入してもらうことだけ。たったこれだけで、次の三つのことがわかる。

①利益を最大化するプレミアム上限価格
②顧客を一気に獲得できるバリュー下限価格
③いったいどれくらいの顧客がその商品を購入するのかを示す購入率の予測

この方法は非常に効率的で、しかも極めて精度が高い。調査結果と実際の運用結果を比較すると、ある出版社の事例では、購買率に一％の誤差も生じなかったというくらいだ。同様の精度の調査を行なおうとすれば、大量のデータを必要とするので数十万円から数百万円はかかるだろう。しかし、それ以上に効果的な価格調査をパソコン一つで、あるいは鉛筆だけでもできるのだ。

どうしてそんなことが可能なのか。

それはこの価格調査から、価格に対する顧客の微妙な感情を知ることができるからだ。にわかには信じられないという人がいても無理はない。だが、この「感情価格決定法」と呼ばれている価格決定法によって、タダだと思っていたサービスから何十万円という高利益を得る人が実際に生まれている。新商品や新規事業で大成功する人も出てきている。

価格決定までの7つのプロセス

この価格調査法では、顧客数を最大にする価格帯、売上を最大にする価格帯、利益を最大にする価格帯を知ることができる。さらに、その商品の購買率や販促資料の効果予測までもが行なえる画期的な方法だ。

この価格調査方法は、一枚のアンケートの回答を四〇通集めることからスタートする。そのアンケートの送り先の選択から結果の分析、そして調査結果をもとにした価格決定までには、次の七つのステップを踏む。ここでは段階ごとにポイントを設けて、順番に説明していこう。

【ステップ1】「アンケートのお願い」を送る

アンケートをいきなり送ってはいけない

この価格調査法は、一枚の「アンケートのお願い」を送付することによってスタートする。最初から価格調査アンケート本文を送るわけではない。最初は図表5－1にあるような「アンケートのお願い」という文章を送る。それを読んで協力してくれる方だけにアンケート本文を送付するのだ。

ここでのポイントは、アンケート依頼の文章は、掲載してある図表5－1の例をそのま

●図表5-1●「アンケートのお願い」の例

〒336-0002　埼玉県浦和市××××××
Tel ×××××××××
Fax ×××××××××

顧客獲得実践会·事務局　/　株式会社アルマック

平成13年7月31日

アンケートのお願い
ご回答いただけた方に、9月に発刊予定の「あなたも10倍早く、本が読める（仮題）」（ポール・シーリー著・神田昌典訳）を無料で進呈致します。

お忙しいところ大変恐縮でございますが、お願いがありまして、ご連絡申し上げました。私は、３倍～１０倍程度、読書スピードを上げることができる、フォトリーディングという技術に関するセミナーを開催することを検討しています。

フォトリーディングを学ぶことによって、１日１冊の本を読めるようになります。速読とは違い、情報処理スピード自体を上げる方法で、すでに全世界２０万人が学んでいます。私を含めて、弊社社員は４名受講いたしましたが、受講後より、毎日本を１冊読めるようになっています。

このフォトリーディング・セミナーに関して、経営者向けのエグゼクティブ・コースを設置しようと計画しておりますが、その計画に際して、あなた様のご意見を是非、お聞かせください。あなた様の意見は極めて重要です。というのは、あなた様を含めた４０名の評価によって、このプロジェクトを実行するか、それとも中止するかを決定するからです。

お忙しいところ誠に恐縮ですが、貴重な数分をお分けいただき、プロジェクトの評価にご協力いただけないでしょうか？

ご協力いただけます場合には、新プロジェクト実行のために使用するダイレクトメール（8頁）をファックスにて折り返しお送り致します。ダイレクトメールをお読みになって、率直なご評価をアンケートにてお聞かせください。質問は５問で、すべて一言でお答えいただく、簡単なものです。ご協力いただけました場合には、ささやかなお礼と致しまして、フォトリーディングに関する私の翻訳書（９月発刊予定　フォレスト出版）を、発売後、進呈させていただきます。よろしくお願い致します。

株式会社アルマック　代表取締役
神田昌典

追伸、ご協力いただける場合には、折り返し資料（８頁）およびアンケート用紙（１頁）をファックスにてお送り致します。下記にこのままファックスにてご返信ください。

□　簡単な、５問のアンケートにご協力しますので、資料を送ることを許可します。
□

お名前：　　　　　　　　資料送付先ファックス番号：

ま使うこと。自分なりの表現を考えたいという人もいるだろうが、この文章は先ほどのマーティン氏が一五年以上の試行錯誤の結果、最も効果的な手法として編み出した、非常に計算してつくられたものなので、なるべく手を加えないほうがいい。アレンジを加えると、かえって効果が出ない。商品名やプレゼントの内容を置き換える以外は、基本的にそのまま使用したほうがいいだろう。

とくに重要なのは、アンダーラインがひいてある三行だ。最初の二行は、この言葉があることで、回答率も上がるし、きちんとした回答が返ってくるようになる。無料で何かがもらえるということだけでなく、自分を含めたごく少数の限られた人のみがそのプロジェクトに参加できるのだ、という帰属意識をくすぐるからだ。

帰属欲求は人間の根源的な欲求の一つである。まずはアンケートにご協力いただく際に帰属意識を高めるわけだ。あなたのアンケートへの協力で新しいプロジェクトが進捗するかどうかが決定されるという部分に共感していただくこと。このプロセスを踏むかどうかで、調査結果の信憑性は大きく変わってくる。

三つ目のアンダーラインの行も重要だ。というのも、ここを読んだ回答者は、「ああ、それほど時間はかからないんだな」と安心するからである。

アンケートを送る対象者は？

このアンケートを誰に対して行なうか。ターゲットを絞らずに闇雲に調査を行なっても、精度が下がってしまう。アンケートを行なうのは、調査対象になっている商品の見込み客に対してである。つまり、その商品を購入する可能性が高い人、少しでもその商品に興味をもっている人を対象に行なうわけだ。あなたの会社の顧客リストや取引先リストで、そういった対象者を選定する必要がある。

「アンケートのお願い」を送る方法

「アンケートのお願い」を送る方法は、郵送でもファックスでも手渡しでもいいが、一番いいと思われるのはファックスだ。理由は簡単、一番手間がかからない。図表5－1の文章も、ファックスで調査依頼することを前提としたものになっている。

最近はEメールでアンケートを送りたいという人も多いが、やり方はEメールでもまったく同じだ。ただし、Eメールで依頼する場合、回答は折り返し電子メールで送っていただくという方法のほか、ファックスで送っていただいてもけっこうですという形をとっておいたほうがよい。Eメールの場合、意外とファックスで回答したほうが手軽だという方がいるからだ。

ただし、インターネットを使って頻繁に価格調査をする場合は、あらかじめホームページ上に専用の回答フォームをつくっておいてもいいだろう。

店舗型ビジネスの場合

店舗型ビジネスの場合は、すでに来店しているお客様がいるので、その方たちに手渡しや口頭で協力をお願いしてもよい。ただし既存客の場合、「なるべく値上げしてほしくない」という心情が働いて、適正な価格が得られないこともあるので、既存商品についての調査の場合は一見客を対象とするのがいいだろう。この点はちょっとした注意が必要だ。新規商品の価格決定のためにアンケートを行なう場合は、このような心配はいらない。

「アンケートのお願い」を何通送ればよいのか?

アンケートをお願いした相手が全員回答してくれるとは限らない。価格分析のためには、アンケートを四〇通は回収しなければならないから、ファックスの場合は最低でも一五〇通、できれば二〇〇通ぐらいは配りたい。手渡しの場合は回答率が高いが、それでも一〇〇通から一五〇〇通は配るほうがいい。

【ステップ2】アンケートと回答用紙を送る

協力OKの返事があったら……

「アンケートに協力してもいい」という返信があれば、その人に対して図表5－2のアンケートご協力のお礼状とともに、図表5－3の回答用紙を送る。その際にはいっしょに、調査対象になっている商品のダイレクトメール（DM）を必ず送るようにする。

DMがない場合は、何かしら商品を説明するものを必ずいっしょに送ることが必要だ。そうしないと、アンケート回答者に商品の内容や特徴が伝わらない。その商品に関するカタログやリーフレットなどがあれば、それもいっしょに送るといいだろう。

ダイレクトメールがない場合

「うちは通信販売じゃないから、DMなんてない」という方も多い。要は商品説明がきち

●図表5-2●「アンケート協力者へのお礼状」の例

〒336-0002　埼玉県浦和市××××××
Tel x x x x x x x x x x
Fax x x x x x x x x x x

株式会社○○商事　○○様

平成13年7月31日

この度は、大変お忙しいなか、貴重なお時間をお割きいただき、快くアンケートに協力いただき、誠にありがとうございます。心より感謝、申し上げます。

アンケートにご協力いただくのは、簡単です。

① まず、添付の8ページのダイレクト・メールをお読みください。
② 7ページ部分の講習参加費が、空白となっておりますので、その参加費について、あなた様の率直なご意見を、最終ページのアンケート用紙にて、お聞かせください。

今回のアンケートで収集しました情報に闇しては、統計的な処理をされ、調査目的のために使用されるもので、第3者に流用されることはないことを、お約束申し上げます。

それでは、何卒よろしくお願い申し上げます。

株式会社アルマック
代表取締役

神田昌典

●図表5-3●「アンケートの回答用紙」の例

評価シート送信先：ＦＡＸ０４８－ｘｘｘ－ｘｘｘ
株式会社アルマック／顧客獲得実践会・事務局

添付ダイレクトメールの７ページで、空白になっている参加費について、あなたの意見をもっとも反映する金額を、次にご記入ください。

Ｑ１　あなたの意見では、この講座が「これは安い」と感じはじめる参加費はいくらですか？　［　　　　万円］

Ｑ２　あなたの意見では、この講座が「高いが参加する価値がある」と感じる参加費はいくらですか？　［　　　　万円］

Ｑ３　あなたの意見では、この講座が「参加するには高すぎる」と感じる参加費はいくらですか？　［　　　　万円］

Ｑ４　あなたの意見では、この講座が「安すぎて品質が心配だ」と感じる参加費はいくらですか？　［　　　　万円］

Ｑ５　３～１０倍読書のスピードを速めるフォトリーディング業中講塵に関して、あなたの感想を最もよく表現する記号にOを付けてください。

1．　何が何でも参加したい。
2．　高いニーズをもっている。もしくは、参加したいと思っている。
3．　参加したいと思っている。内容は、平均点以上だ。
4．　参加と思っているが、内容は、平均点だ。
5．　参加したいかどうかは分からないが、内容は、平均点だ。
6．　必要な知識だとは思うが、あまり参加したくない。
7．　必要な知識でもないし、また参加したくない。
8．　このような講座には、興味がない。

アンケートは以上です。貴重なご意見、ありがとうございました。それでは、書籍をお送りするあて先をお教えください。発送は、新刊の出版日程によりますが、10月上旬を予定しています。

お名前		会社名	
送付先ご住所	〒		
TEL		ファクス	

んとなされてお客様に伝わればいいのだから、一番いいのは、社長のあなたが自分でDMを書くことだ。

書き方がわからないとか、書くのが苦手という人におすすめなのは、実際にその商品を売っているトップ営業マンの営業トークを録音し、その言葉を書き起こしてDMをつくる方法だ。これだと間違いなく、お客様に商品特性が伝わる。調査対象が新商品の場合でも、それを売るにあたって事前に営業ロールプレイングなどを行なうはずだ。そのときの営業トークをもとに作成すればよい。

効果的なDMの具体的なテクニックやコツに関しては、ここで紹介するだけのスペースがないので、詳しく知りたい人は神田昌典氏の著書『あなたの会社が90日で儲かる!』(フォレスト出版刊)等を参考にしていただきたい。

回答用紙の金額欄の工夫は?

アンケート回答用紙も、商品名等を書き換える以外は、そのまま同じ内容を使うほうがよい。当たり前のことだが、大事なのは価格の部分を、この回答用紙のように空白にしておくことだ。巷でよく見かけるアンケートでは、例えばa一〇〇〇円未満、b一〇〇〇円

～二〇〇〇円、 c二〇〇〇円～三〇〇〇円……というように、あらかじめ価格帯を書き込んで選択させるものがあるが、これでは回答者に不要な先入観を与えてしまう。

質問項目の工夫は？

この価格調査では次の四つの質問を行なう。

Q1：あなたの意見では、この商品が「これは安い」と感じはじめる金額はいくらですか？

Q2：あなたの意見では、この商品が「高いが購入する価値がある」と感じる金額はいくらですか？

Q3：あなたの意見では、この商品が「購入するには高すぎる」と感じる金額はいくらですか？

Q4：あなたの意見では、この商品が「安すぎで品質が心配だ」と感じる金額はいくらですか？

この四つの質問は、シンプルだが非常に効果的である。通常の価格調査では、「あなたは、これをいくらで買いますか?」と質問するが、これでは普通のお客様はできるだけ安い価格を指定してしまうし、なかには現実とかけ離れた回答をしてくる場合もある。お客様はアンケートに対して嘘をつく。

ところが、この四つの質問は、お客様に嘘をつかせないよう、非常によく工夫されている。実はこれが大切な成功のポイントだ。だから当然、あなたがこのアンケートをとるときにも、言葉を変えずにそのまま使うようにしなければいけない。

複数商品の価格調査をしたい場合

よくある質問だ。一枚のアンケート回答用紙で二つの商品に関しての回答をいただいてもいいのか、ということを聞かれる。それはやらないほうがよい。アンケート本文も回答用紙も一つの商品に絞らないといけない。回答者の思考が混乱するし、二つの商品を見比べて、バランスをとろうとか余計なことを考えてしまうからだ。

二つの商品の価格調査を行ないたい場合は、手間であっても二度行なうほうが信憑性の高い結果が得られる。

回答用紙の返信がない場合

回答用紙にあるように、回答の返信はファックスでお願いするようになっている。だが、回答の返信がないのはよくあることだ。送ったアンケートのうち半分くらいしか返ってこないことがほとんどだ。

そういう場合に、返信を催促することをためらう人が多いが、遠慮する必要はない。回答の催促は積極的に行なっていただきたい。単純に回答と返信を忘れている場合が多いからだ。私の場合は電話で催促するが、ファックスでもEメールでもいい。この価格分析には四〇通の回答が絶対に必要なので、数が足りない場合は、改めてアンケートの回答者を探して、なんとか四〇通を確保してほしい。

回答が四〇通集まらない場合、四〇通以上集まった場合

回答が四〇通に達していないなら、四〇通集まるように努力しなければいけない。催促したり、再度新たな方々にアンケートを依頼する。逆に、四〇通以上集まった場合はすべてを対象としてもらってかまわないが、せいぜい六〇通程度でよい。多いほど精度が増すからだ。ただ、むやみやたらと増やす必要はない。四〇通あれば十分な分析は可能である。

［コラム］ 顧客感情の理解があなたの勘を鋭くする

こういった価格調査を行なう際に、価格に対してお客様がどんな感情を抱くかという、顧客感情についても少し触れておこう。顧客の感情にあった価格を設定できるかどうかが、価格設定が成功するかどうかの鍵を握るからだ。

ある商品の価格を見た瞬間に、お客様の脳内では次のような四つの反応が起こっている。

①「安すぎる」という疑い→「品質への不安」→「疑いの感情」

例えば、ミネラル水精製機が今なら半額などと聞いたときに、「安すぎて心配だ」と感じ、これは「怪しい」と思う。安すぎてマイナスイメージをもたれる価格帯だ。

②「これは安い」という割安感→「うれしい」→「発見の喜び」

品質に不安を感じない価格帯で、なおかつ「安い！」と感じる価格帯。割安で得した気持ちになり、その商品を発見した喜びを感じる。割安感があり、うれしい価格帯だ。

③「ちょっと高いな」という割高感→「でも欲しい」という迷い→「我慢して買う」

高いとは感じるが、「嫌だ」とまでは思わない価格帯。割高だが、「欲しい」という気持ちが勝れば、我慢して買う。

④「高すぎる」という割高で損な気分→「奪われる怒り」

高すぎて反発を感じる価格帯。損な気分からお金が奪われるような気持ちになり、怒りの感情がわいてくる。

以上の四つの感情を、お客様は価格を見た瞬間にもつ。

このうち、あなたが狙うべき価格帯は、②「割安感」のある価格帯か③「高いけど我慢して買う」価格帯しかない。安くしすぎれば①「品質への不安」に行ってしまうし、高すぎれば④「奪われる怒り」を感じさせてしまうからだ。その価格の境界線を越えると、一瞬にして割安感が不安感に変わり、迷いが怒りに変わってしまう。

その運命の別れ道となる価格帯はどこにあるのか。それを知ることが、価格分析の重要なポイントなのだ。

【ステップ3】アンケート結果をもとにグラフをつくる

回答結果を分析する

回答の返信が四〇通集まったら、次はいよいよ回答の分析になる。グラフの作成だ。

ここではどのようにグラフをつくればいいのかをお話ししていこう。ここから一九〇ページまではグラフ作成に関わる非常に技術的な内容になるので、今グラフ作成の必要のない方は本価格調査の実際の事例（一九〇ページ）に進んでもらってもいいだろう。

まずは、一六七ページの図表5−3のアンケート回答用紙にあったQ1〜Q4の回答結果を集計し、グラフを作成する。**質問ごとに価格別の累計人数を計算していく**わけだ。ここで作成される分析グラフは、それぞれの質問の回答があった価格帯において、その割合を百分率で表わしたものである。

Q1のアンケート結果は、アンケート回答者の何％の人が、それぞれの価格帯で「安いと感じているか」を表わしたグラフになる。同じくQ2のアンケート結果は、それぞれの価格帯で「高いが購入する価値がある」と感じている人の割合を表わしたグラフ。Q3の

●図表5-4● 4つの感情をグラフにする

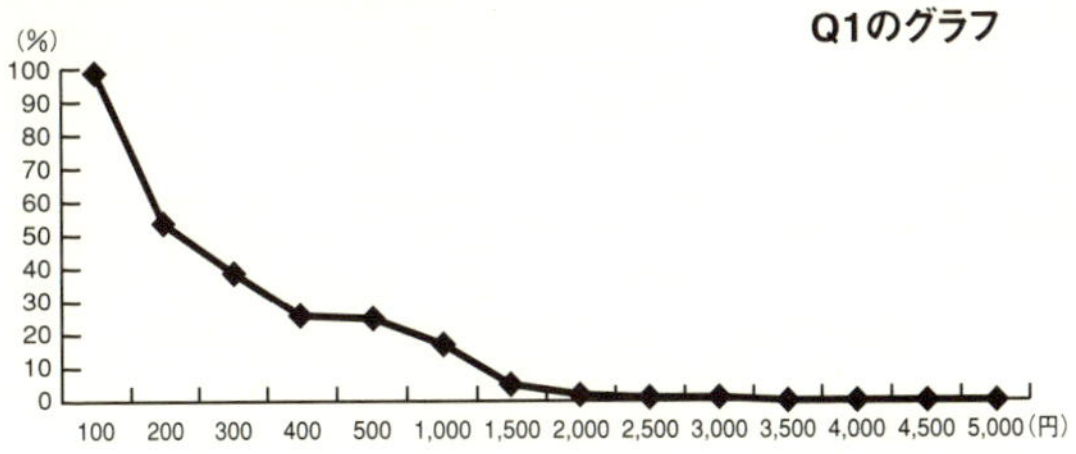

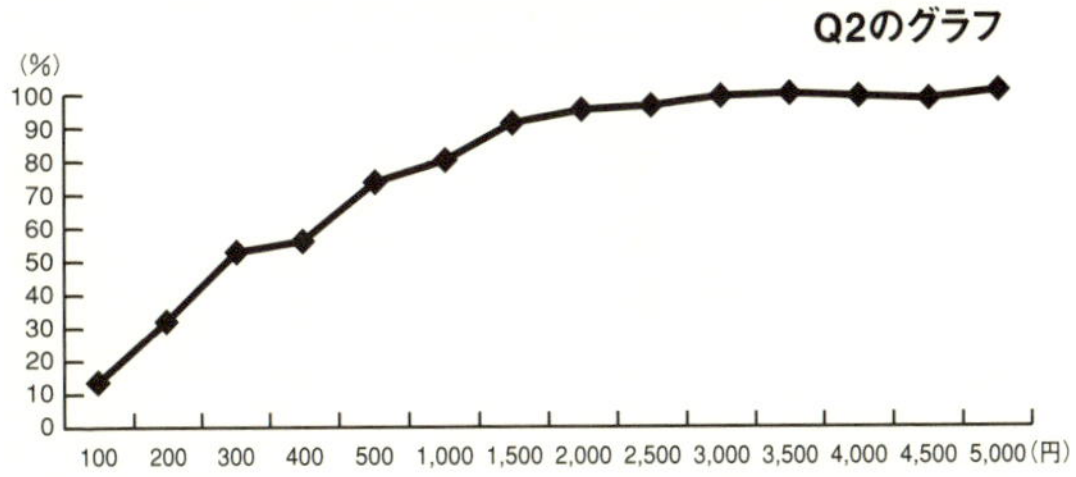

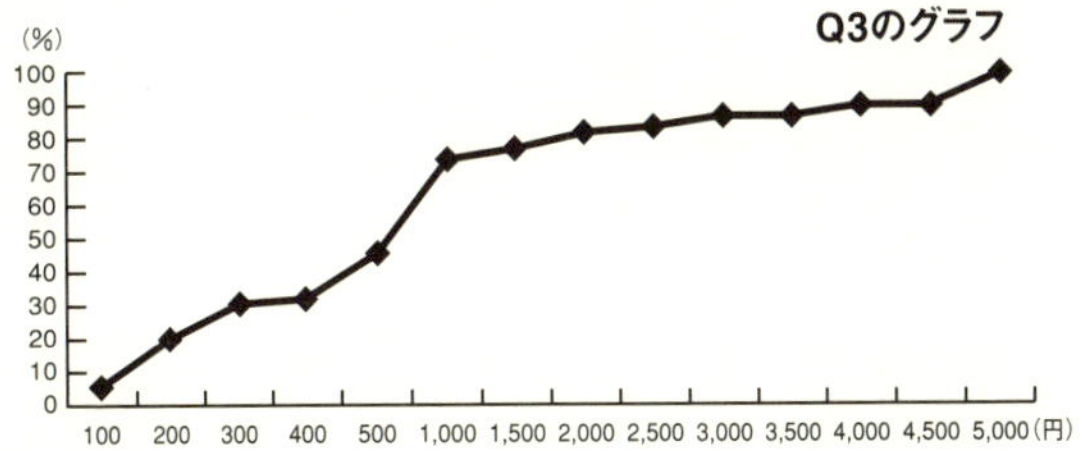

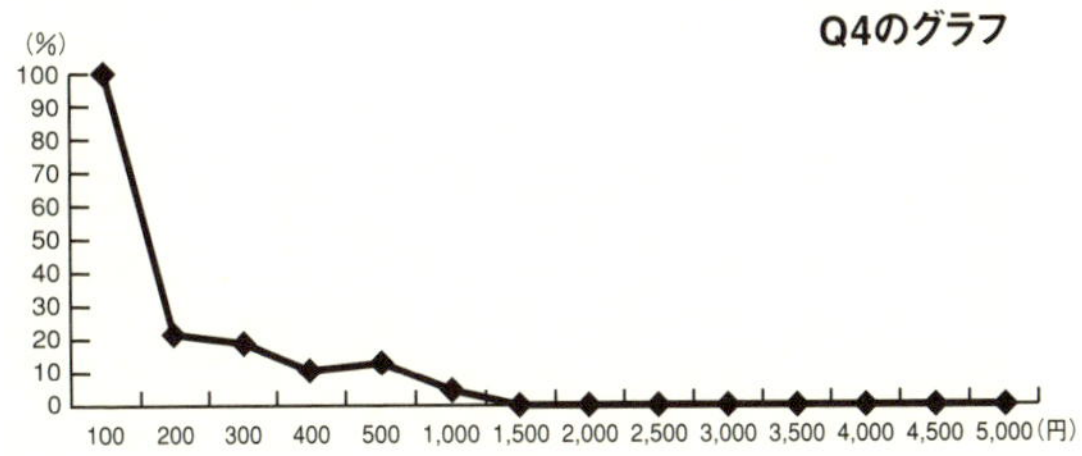

●図表5-5● Q3の回答例

価格帯（円）	1,000	2,000	3,000	4,000	5,000	6,000	7,000	8,000
A:回答人数	1	1	0	1	2	0	1	0
B:累積人数	1	2	2	3	5	5	6	6
C:百分率	3%	5%	5%	8%	13%	13%	15%	15%

価格帯（円）	9,000	10,000	……	27,000	28,000	29,000	30,000
A:回答人数	0	3	……	1	2	1	1
B:累積人数	6	9	……	36	38	39	40
C:百分率	15%	23%	……	90%	95%	98%	100%

場合は、それぞれの価格帯で「購入するには高すぎる」と感じている人の割合を表わしたグラフであり、Q4の場合は、「安すぎて品質が心配だ」と感じている人の割合を表わしたグラフになっていく。

これら四つの折れ線グラフをつくると、図表5－4のようにカーブ状のグラフが四つできることになる。まずは、ここまでが最初の作業となる。

実際にグラフを描く

ではここで、中学生の授業になってしまうが、実際のグラフの描き方をレクチャーしよう。Q3の「購入するには高すぎる」という項目を例にとってみる。アンケートの有効回答数が四〇通集まり、Q3については、最低価格が一〇〇〇円、最高価格が三万円という幅のある回答結果だったとしよう。

●図表5-6● Q3の回答結果を折れ線グラフにする

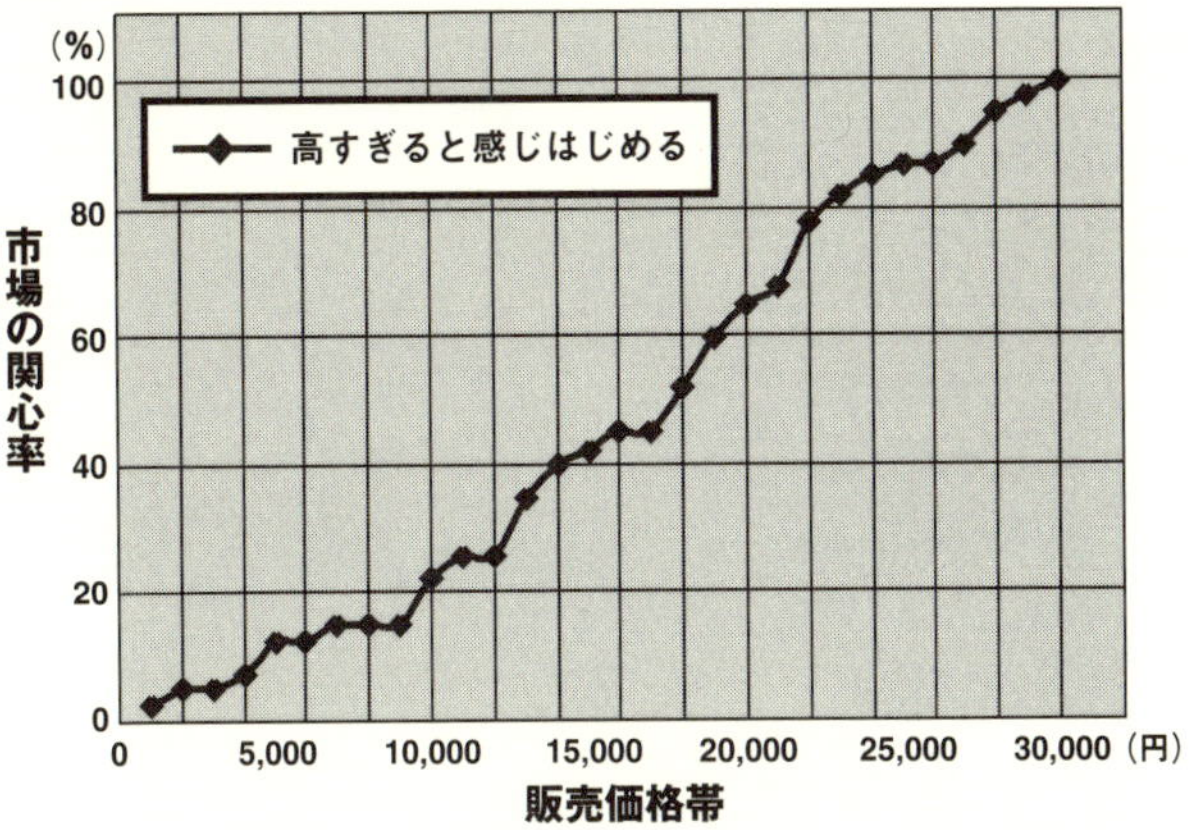

そうするとまず、それぞれの価格帯における回答者の人数の表を作成することになる。図表5―5のAの欄がそれだ。単に該当する価格へ回答人数をプロットしていくだけだ。そして次は、それらの回答人数の累積人数を計算していく。Bの欄がそれだ。累計だから、単に数字を左から足し算していけばいい。

そして次の作業では、その累計した数の有効回答数に占める割合を求める。それがCの欄だ。例えば、その欄の七〇〇〇円という価格における累計人数の六人というのは、六÷四〇＝〇・一五だから、全体に占める割合は一五％ということになる。

こうしてそれぞれの価格帯での累計人数が有効回答数全体に占める割合（市場の関心率という）

を出していき、その結果を折れ線グラフで表わすと、図表5―6のようなグラフができあがる。ちなみにQ3のこのグラフは、アンケートをとった商品について「購入するには高すぎる」と感じる人の割合を価格帯ごとに表わしたグラフである。七〇〇〇円では一五％の人が、一万四〇〇〇円では四〇％の人が「高すぎる」と感じていることがわかる。当たり前のことだが、価格が高くなるほど（右に行くほど）「高すぎる」と感じる人が多くなるというわけだ。

同様に、他の質問の回答についても各価格帯における累計人数の割合を求め、その結果を図表5―6のように折れ線グラフで表わしていけば、四つの質問それぞれについての折れ線グラフが完成する。

ここで勘違いしやすいことが一つある。それは、Q1とQ4のグラフは右肩下がりのグラフになるという点だ。Q1の回答をもとに作成するグラフは「これは安い」と感じはじめる人の割合を表わしたグラフだから、当然、価格が高くなればなるほど（右に行けば行くほど）安いと感じる人は少なくなり、右肩下がりのグラフとなる。

Q4も同様に、「安すぎて品質が心配だ」と感じる人の割合だから、価格が高くなるほど（右に行くほど）安すぎると感じる人は当然少なくなるから、右肩下がりのグラフとなる。

ちなみにこれらのグラフの作成は、マイクロソフトのエクセルなどの表計算ソフトを使えば、自動で累計数の計算や百分率の計算をすることもでき、さらにグラフ作成はボタン一つでなされるので非常に簡単である。

二つのグラフのみ反転させるのがミソ

これで四つの質問についてのグラフができあがった。そこで次に行なうのは、この四つのグラフを重ねあわせるという作業だ。だが、実はその前に、四つのグラフのうち二つのグラフについては、そのグラフを反転させた「反転グラフ」を重ね合わせるようにする。これがこのノウハウの特徴である。

反転させるのは、Q1の「これは安い」と感じはじめる価格についてのグラフと、Q2の「高いが購入する価値がある」と感じる価格についてのグラフである。この二つのグラフを反転させ、その反転させたグラフと他の二つのグラフの合計四つのグラフを重ね合わせるわけだ。

●図表5-7● Q2の回答例

価格帯（円）	1,000	2,000	3,000	4,000	5,000	6,000	7,000	8,000	9,000	10,000	……	27,000	28,000	29,000	30,000
D:回答人数	1	2	1	0	3	2	3	0	1	2	……	0	1	0	1
E:累積人数	1	3	4	4	7	9	12	12	13	15	……	38	39	39	40
F:百分率	3%	8%	10%	10%	18%	23%	30%	30%	33%	38%	……	95%	98%	98%	100%
G:100-F	97%	92%	90%	90%	82%	77%	70%	70%	67%	62%	……	5%	2%	2%	0%

反転グラフの描き方

では、どうやって反転グラフを描いたらよいか。

まず、そもそも「反転させる」ということが、どういう意味かを考える必要がある。この場合、反転させるということは、その質問の裏の心理を読むということだ。つまり、ある価格帯で三〇％のところにプロットされていたとしたら、その裏は七〇％だということである。七割の人は、三割の人と逆のことを感じているというわけだ。そうやってQ1とQ2のそれぞれの価格帯の反対の割合（図表5－7のG欄参照）を出していけば、反転したグラフができる。

具体的に説明しよう。図表5－7をご覧いただきたい。この表のFの欄にある数字は、アンケートのQ2の回答数をプロットしたものだ。それを見てみ

●図表5-8● Q2の回答結果にもとづく反転グラフ

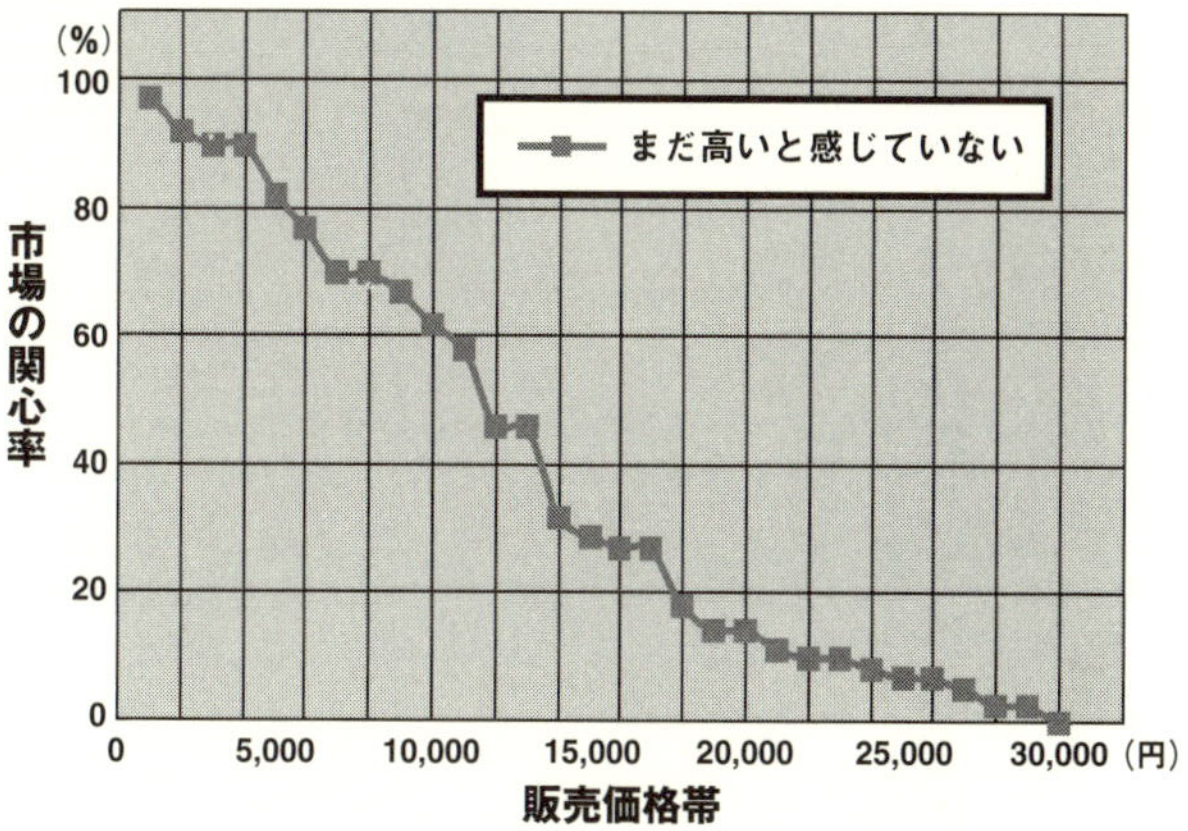

ると、七〇〇〇円の価格帯では三〇%という割合になっている。裏を返せば、七〇%の人は三〇%の人の逆の感覚をもっている。つまり、三〇%の人は「高いが購入する価値がある」と感じているが、残り七〇%の人は、この価格帯では「まだ高いと感じていない」ということになる。

そう、実はこの価格分析アンケートのQ2によって求めたい回答は、「まだ高いと感じていない」人の割合なのだ。だが、ストレートに「あなたはいくらだと、まだ高いと感じませんか?」と質問しても、素直には答えない。その商品をできるだけ安くしてもらいたいから、低く回答しようなどという意図が紛れ込んでしまう。

だから、あえてその裏の質問「高いが購入する価値があると感じる金額はいくらですか?」という聞き方をして、恣意的な回答ができないようにしているわけだ。そうすると、本当に必要な回答である「まだ高いと感じていない」人の、より正確な割合が判明するというカラクリだ。反転させたグラフ図表5―8がそれを示している。反転させたこのグラフこそが、本来必要としている「まだ高いと感じていない」人の割合を価格帯ごとに示したグラフなのである。

Q1も同様の理屈だ。Q1によってわかるのは「安い」と感じている人の割合だから、その裏は「まだ安いと感じていない」人の割合である。それを知りたいがために、あえて「これは安いと感じる金額はいくらですか?」という質問をしている。そのため、その回答をもとに作成されたグラフを反転させたグラフが必要となるのだ。

Q1とQ2の反転グラフは、こうしてつくることができる。

二つのグラフを反転して重ね合わせる意味は何か?

Q1とQ2の回答から得られる二つのグラフを反転させる意味を考えてみよう。

まずここで注目してほしいのは、Q2で書きあげたグラフだ。そのグラフは「高いが購入する価値がある」と感じる人の累計である。それはつまり、「高いと感じている人」の

●図表5-9● プレミアム上限価格を求める

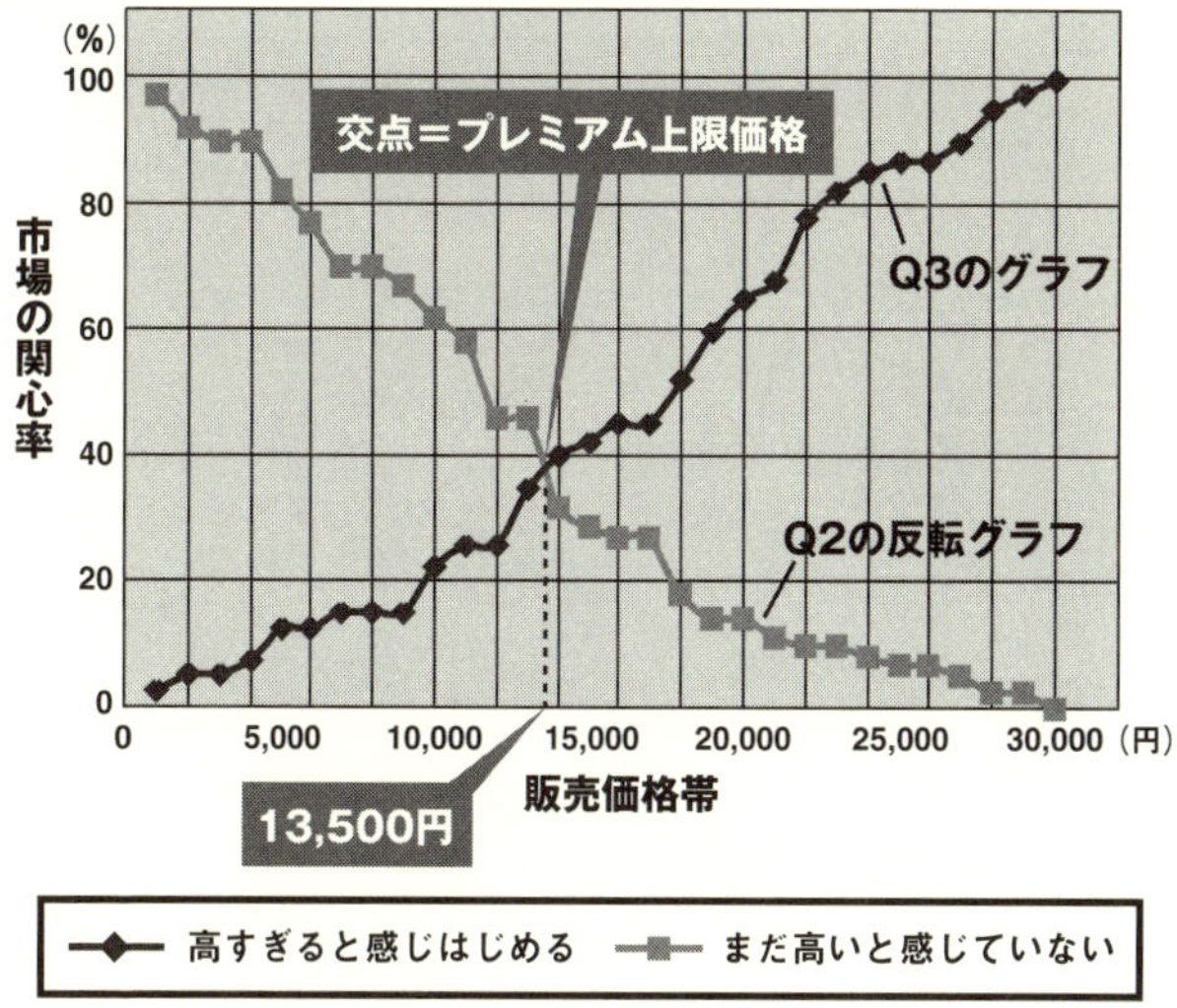

累計のグラフだということになる。

そこで、このグラフを反転させると何がわかるかというと、「高いと感じていない」人以外の人数がわかることになる。つまり、「まだ高いと感じていない」人の数が価格帯ごとにわかってくるということだ。

そのQ2を反転させた「まだ高いと感じていない」人のグラフとQ3の「高すぎると感じる」人のグラフを重ねると、交点ができる。実は、ポイントとなるのはこの交点である（図表5−9参照）。

ここでは、価格一万三五〇〇円のところに交点ができたとしよう。そうすると、その交点は、アンケートに回答した全員

●図表5-10● プレミアム上限価格の意味

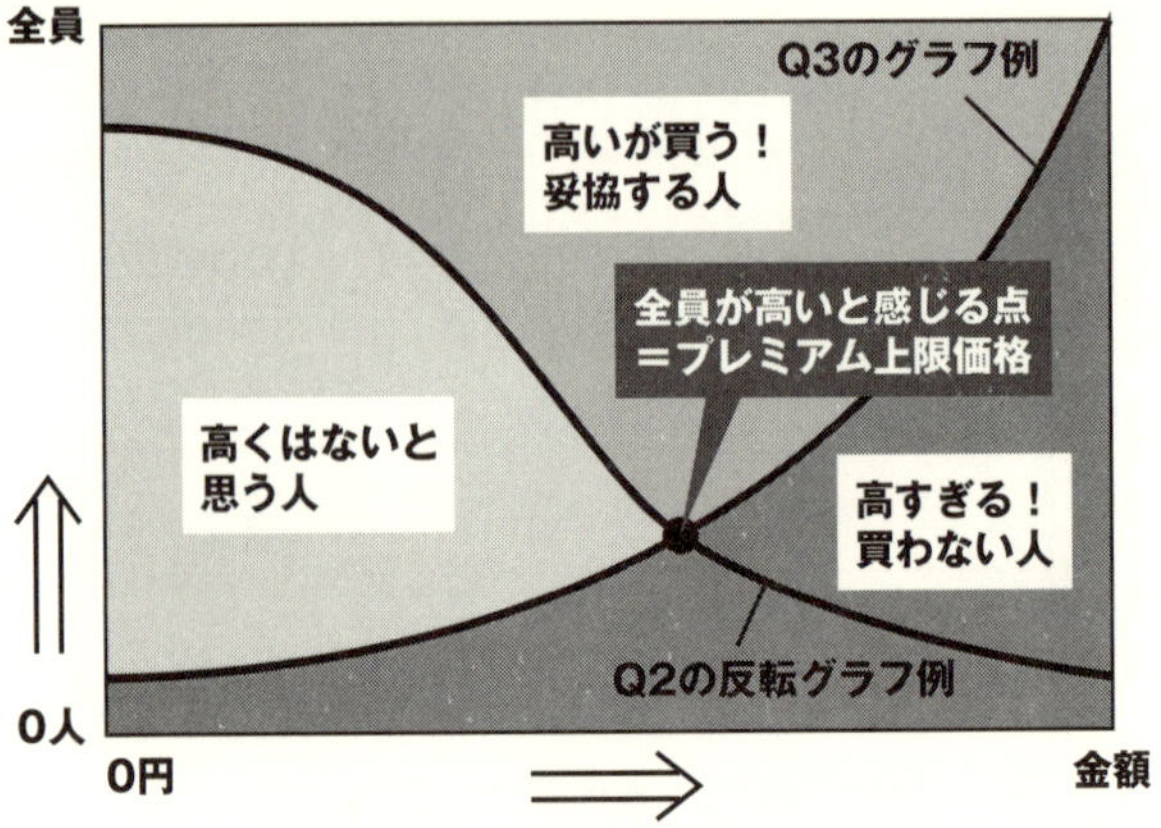

金額が上がると、"高すぎる"人は増える一方

作成：アイプラネッツ　小沼正和

が「これ以上は高すぎる」もしくは「高いと感じているが買う」と考える上限のポイントになる。すなわち、高いと感じない人が一人もいなくなるポイントである（図表5―10参照）。これは、一万三五〇〇円を超えると、誰もが高いと感じてしまうことを示している。だから、ここでわかるのは一万三五〇〇円を超えないポイントが、販売上の上限の価格「**プレミアム上限価格**」だということである。

同様に、Q1から得られるのは「安いと感じている人」のグラフであるが、それを反転させると「まだ安いと感じていない」人の割合を示すグラフとなる。そして、このQ1の反転グラフとQ4の「安すぎて品質が心配だ」と感じるグラフを重ね合わせてできる交点は、その交点を下回る価格帯は、これ以上安くなると品質が疑わしくて買わない価格帯を示している。つまり、その交点が**「バリュー下限価格」**となる。

こうやってQ1とQ2のグラフを反転させることで、それぞれから生まれる交点がわかり、それらは適正価格の下限である「バリュー下限価格」と適正価格の上限である「プレミアム上限価格」を導き出すというわけだ。

回答に記入漏れがある場合

記入漏れのある回答はどう扱うか。そういう場合は、ご本人に連絡して漏れている箇所を尋ねてもよい。もちろん、それらを除外しても四〇通以上集まるようであれば、無効回答としてもかまわない。

回答に明らかな勘違いがある場合

明らかに勘違いだと思われる回答もある。典型的な例は、桁が常識とかけ離れている場合だ。例えば、パソコンの価格を聞いているのに一〇〇〇円とか八九〇円と回答してくることがある。また、一〇〇万円などというのも稀にある。こういった明らかな勘違い、冷やかしと思われる回答も四〇通の正規回答分には含めないようにしないといけない。

ただ、それが勘違いかどうかわからないこともある。いっしょに送ったDMの説明が悪い場合は、そういった無効回答がやけに多いことがある。その場合は、商品説明のDM等を見直す必要がある。その見極め方は、他の回答と見比べてみることだ。一、二通程度であれば、勘違いとして無効回答処理していいだろう。しかし、四通も五通もある場合は、あなたが送ったDMや商品説明パンフレット等に勘違いさせる原因があったものと思われる。その場合は見直しをしなければいけない。

【ステップ4】グラフから適切な価格帯を知る

グラフの交点の価格を求める

次に、ステップ3で作成したQ1とQ2の反転グラフ、それにQ3とQ4のグラフの計四つのグラフを重ね合わせてできる「交点」がポイントとなる。

この交点は先ほどの四つのグラフを重ね合わせると自動的にできるが、計算してはじき出すこともできる。その計算式は次のような式になる。

交点の求め方は、それぞれのグラフにおける、交わる前後の二点から、グラフの近似直線式を求め、その二式の連立方程式により求めることができる。同様の要領で、四つの直線をプロットして、それぞれの交点を求めればよいのだ。以下に例をとって、その計算式を書いておこう。中学校で習う連立方程式なので簡単だ。

グラフの交点は

①高すぎると感じはじめるグラフの二点、(13,000円, 35%)(14,000円, 40%)

②高いと感じていないグラフの二点、(13,000円, 46%)(14,000円, 32%)

①の式は二点より:$y=5/1000x-30$

②の式は二点より:$y=-14/1000x+228$

よってこの場合の交点は(13,579円, 37.9%)

プレミアム上限価格は一万三五七九円である。

価格帯の取り方によるので、一万三五〇〇円という結果で表わすのが一般的と思われる。

グラフの交点の価格の意味は？

図表5―11を見ていただきたい。これは実際に、ある企業が行なった価格調査アンケートの結果をもとに描いたグラフだ。これを使って説明していこう。

四つのグラフを重ね合わせると、四つの交点が生まれる。そのうち二つの交点は大きな意味をもっている。

一つは、Q1の反転したグラフとQ4のグラフの交点aだ。その交点が、適正価格帯の下限である「バリュー下限価格」を示している。これ以上安くなると、お客様が「安すぎて品質を心配する価格」である。だから、この交点aを超える値づけをするとよい。

会社の戦略として、安くてもいいから数を多く出したいという場合は、この交点aに近い価格帯を狙う。ただし、これを少しでも下回ると客数が減るので、それは絶対に避けなければいけない。

交点aが示すバリュー下限価格は、客数が最大化する価格である。これに近い価格帯で売るのは、そのお客様に他の商品、粗利の高いバックエンド商品を売りたい場合に適用するとよい。そのときに必要なのが、この価格帯で買ってくれたお客様をいかに抱え込むかだ。そのためには、ニュースレターを発行したり、顧客を囲い込んでリピートを促す必要

●図表5-11● 適正価格帯を知る

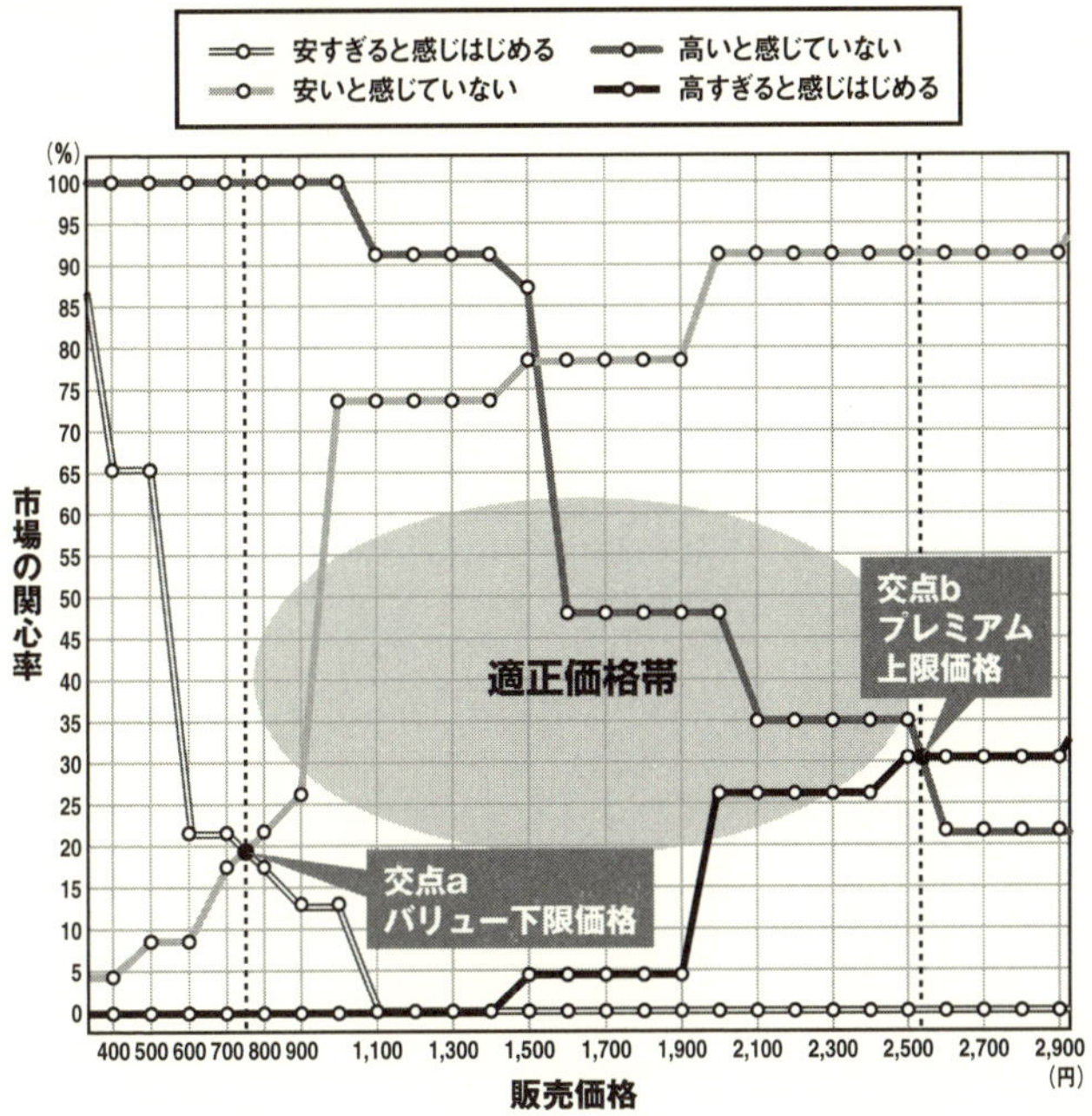

がある。そのノウハウについては、本書の監修者著『60分間・企業ダントツ化プロジェクト』（ダイヤモンド社刊）に詳しいので、参照されたい。

もう一つは、Q3のグラフとQ2の反転グラフの交点bだ。この交点の価格が「プレミアム上限価格」となる。適正価格の上限だ。この交点bの価格を上回ると、「高すぎるので買わない」という価格帯であり、消費者の反発を買う価格帯に入ってしまう。

「客数は少なくてもいいから、

高い価格で最大利益を得たい」という人は、この交点bのプレミアム上限価格に近い価格帯で販売すればいい。例えば大量生産できないものや、希少性をもたせたいものは、この価格帯でいくとよい。

ほかの交点の価格も重要か？

今説明した二つ以外の交点は意味がないので、無視してもよい。結局重要なのは、プレミアム上限価格を決定するQ３のグラフとQ２の反転グラフの交点、そしてバリュー下限価格を決定するQ１の反転グラフとQ４のグラフの交点である。

この二つの交点は大切なポイントなので、グラフにぜひ赤丸でもつけておいていただきたい。どういう意味があって大切なのかは、次の項で説明する。

［コラム］**プレミアム上限価格で成功している事例**

プレミアム上限価格に価格設定をして大成功している実例がある（図表5―12参照）。

エイディプロダクツ社の佐々木猛氏が販売するウッドデッキだ。この商品の適正価格帯は、アンケート調査結果によると一三万三〇〇〇円から三五万円だった。

**●図表5-12● プレミアム上限価格で成功している事例
——エイディプロダクツ社**

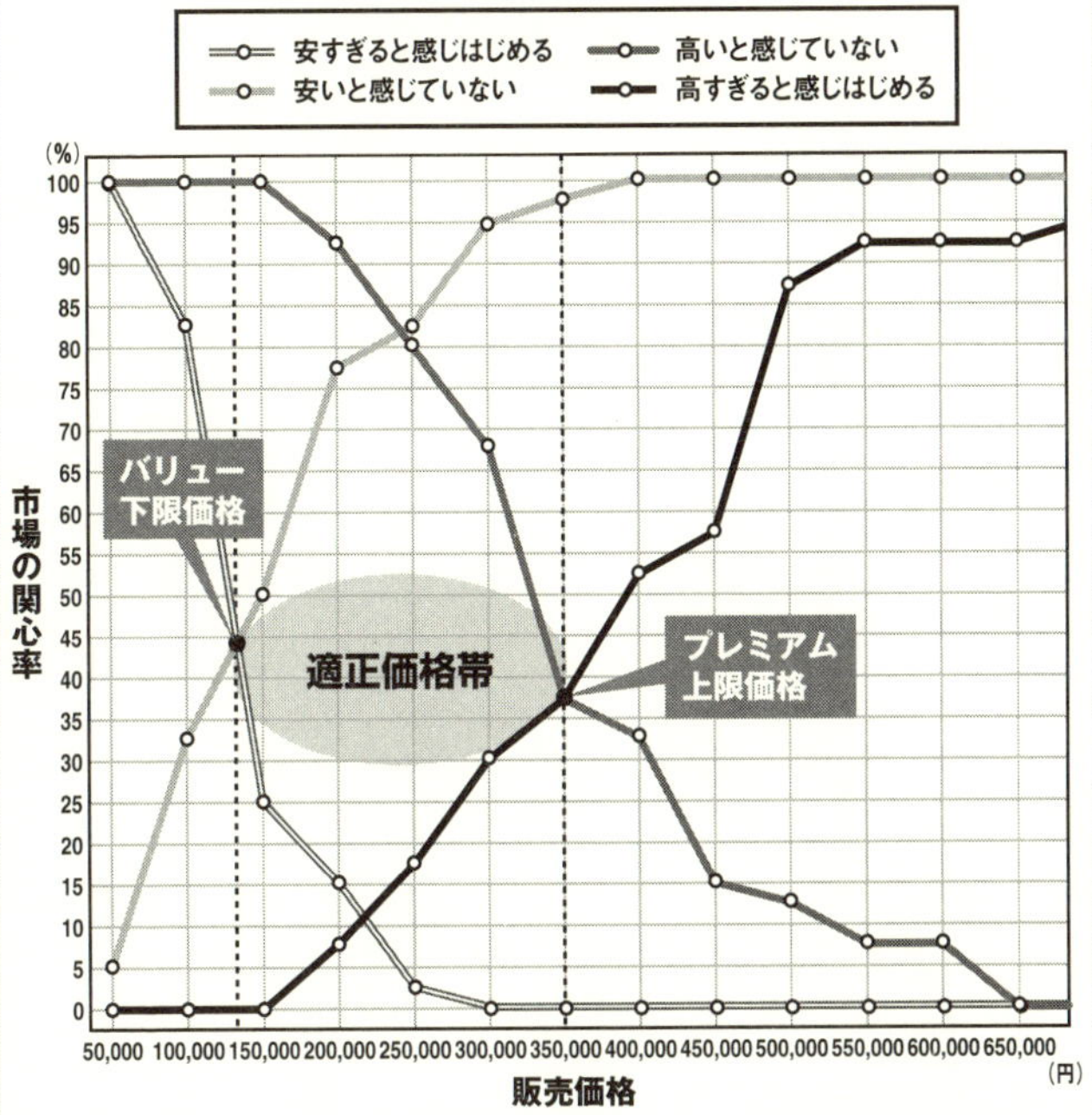

ウッドデッキはホームセンターなどに行くと、通常一五万円前後で販売されている。これは安値で客を引きつける値引きが加熱し、市場全体がバリュー下限価格に落ちてしまっているからだ。通常ならば、それにつられてバリュー下限価格に近いところでプライシングしてしまうだろう。

ところが佐々木氏は、高価格帯の上限である三五万円で販売している。その狙いは何か。それはズバリ、佐々木氏の商品に対するこだわりだ。一つひとつ手づくりでもって丹誠込めてつくり上げる。大量生産はできないし、やりたくもない。

そういったこだわりと、一人ひとりのお客様を大切にして、高品質の商品とサービスを提供したい。そのために顧客数をたくさんとる戦略は採用せず、数が少なくても自分の商品に納得してくれるファンに満足してもらえるような、品質の高い商品を提供するという戦略をとったわけである。

適正価格の範囲内で、どちらの価格帯を選ぶか。それはあなたの戦略しだいである。

【ステップ5】売上と粗利を予測する

どれだけの売上と粗利が生まれるか

この価格分析では、ある価格帯で販売した場合にどれだけの売上、または粗利が生まれ

●図表5-13● 売上と粗利を最大化する価格帯

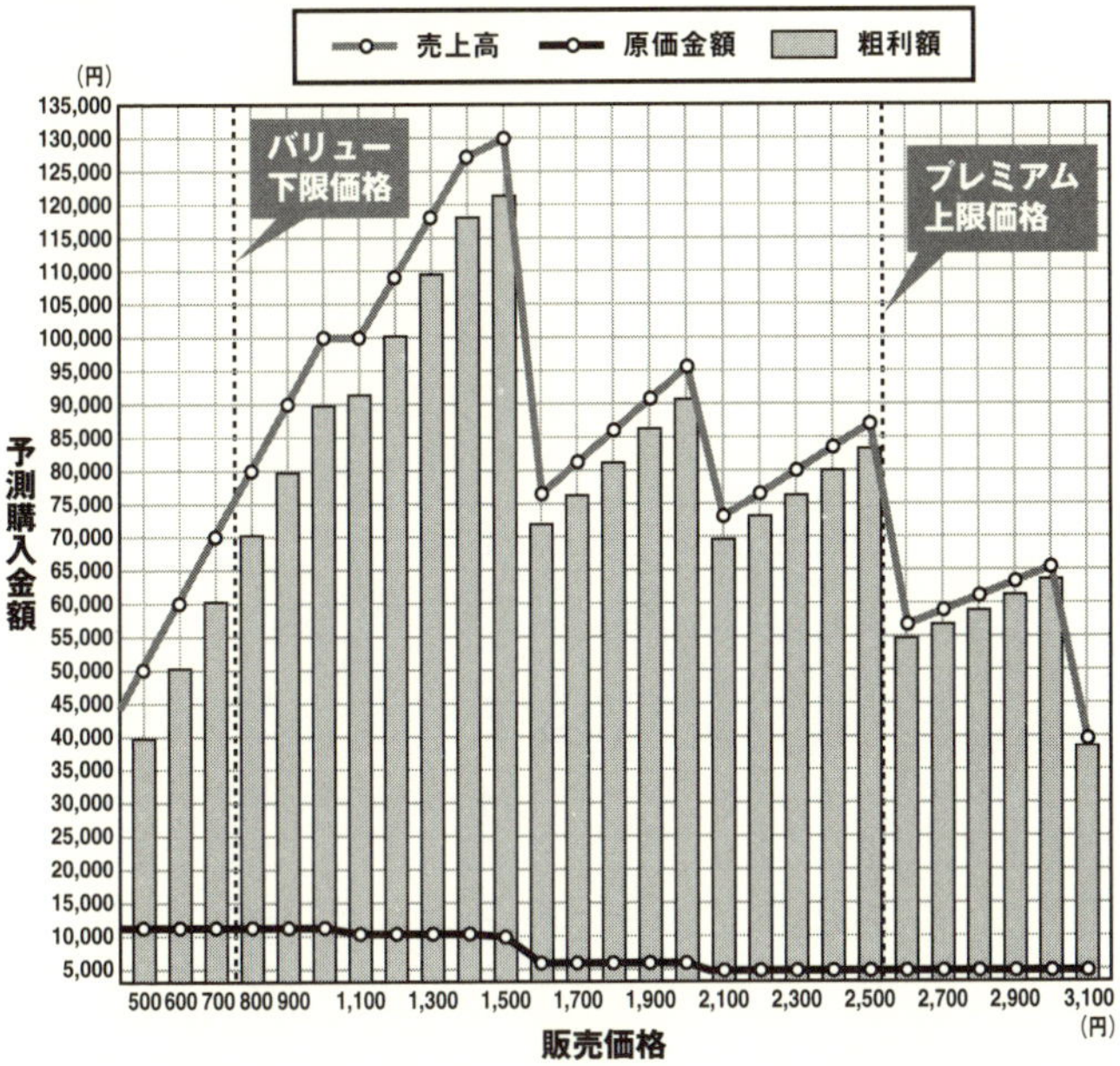

るかを予測することもできる。売上や粗利額が最大化する価格帯で販売するのも一つの方法だ。これはQ2における、「価格ごとの累計人数×その価格の数値」をグラフにしたものだ。

図表5－13を参照してもらいたい。横軸は販売価格帯、縦軸は予測購入金額を示している（縦軸の数字は、アンケート数にかかわらず、母数を一〇〇として換算したものだ）。

Q2でわかるのは、「高いが購入する価値があると感じる金額はいくらですか？」という問いに答えた人。だから、その価格を提示すれば、しぶしぶながら買ってくれるということになる。その買ってくれる人数と価格を掛け合わせれば、どの価格で売上が最大になるかを予測することができる。その売上を示したものが、図表5－13の折れ線グラフだ。

粗利額は、単純にその売上から「商品原価×価格ごとの累計人数」を引けばいい。そうすると粗利額も予想できる。この図では棒グラフで表わしている。

顧客数を最大に確保しながら、売上を最大化するポイントを探す

図表5－13のグラフから、顧客数を最大に確保しながら、売上を最大化するポイントを見てみよう。グラフから売上を最大化する価格は、一五〇〇円であることがわかるが、そもそもこのグラフを見ると、二五〇〇円、二〇〇〇円、一五〇〇円と、売上のピークを迎える山が三つあることがわかる。この三つの山は、この商品に対する顧客の予算帯を示している。これらのポイントを超えると、一気に売上が下がるということだ。

ここで非常に面白いのは、一〇〇〇円前後の価格帯では、もっと上の予算を狙えるということだ。この価格帯ではよく、九八〇円や一〇〇〇円といった値づけを行なう社長が多いが、グラフを見ていただけばわかるとおり、一五〇〇円の山までは売上が下がるポイン

トは存在しない。つまり、一一五〇円や一二〇〇円、あるいは一五〇〇円ギリギリまで顧客は許容するものなのだ。

一方、予算帯の山を越えると、ほんの少しの違いでも一気に売上が落ちてしまうのがわかる。図表5－13のグラフを見てみると、一五〇〇円の山を一〇〇円だけ越えた一六〇〇円では、売上が一気に約半分に落ちてしまう。二〇〇〇円の場合は、二〇〇〇円ポッキリが山であって、二一〇〇円や二二〇〇円では売上は大きく落ちてくる。二五〇〇円の場合も二五〇〇円ポッキリが山であって、二六〇〇円や二七〇〇円では売上が大きく落ちてくることがわかる。そう、一六〇〇円で販売するよりも、二五〇〇で販売したほうが多くのお客様に買ってもらえるということであり、一六〇〇円よりも二五〇〇円で販売したほうが、グラフが示すとおり売上も利益も大きいのである（もちろん、最大化するのは一五〇〇円である）。

このように通常では絶対にわからないことが、この一枚のアンケートで可能になってくるのが、この価格調査のすごいところだ。あなたももしかしたら、この例で示されているように、もっと高い金額で販売できるのに安く売ってしまっているという「損」をしているかもしれないのだ。

【ステップ6】「ニーズ・ウオンツ」を予測する

実売を予測できる八つのアンケート項目

この価格調査の優れた点は、顧客感情にあった価格がわかるだけでなく、その商品に対する消費ニーズと消費者の欲求までがわかる点だ。つまり、お客様のニーズとウオンツがわかるのだ。

それを知るための質問が、一六七ページのアンケート回答用紙の下半分にある「Q5」だ。アンケートに答えて価格を記入しても、それを欲しいと思うかどうかは別問題。これまでの調査結果が意味をもつためには、商品に対するお客様の必要性と欲求の調査を組み合わせることが必要不可欠になる。そこで、先の四つの価格帯を聞く質問とは別に、市場の欲求を分析し、実売の予測をするためのアンケートがここで登場するわけだ。

Q5は、その商品なり、サービスなりに対する感想を次の八項目から選んで○をつけてもらうものだ。

①何がなんでも手に入れたい。

②ぜひ欲しいと思っている。
③欲しいと思っている。商品価値は平均だと思う。
④欲しいかどうかはわからないが、商品価値は平均だと思う。
⑤欲しくはないが、商品価値は平均だと思う。
⑥必要な商品だとは思うが、あまり欲しくない。
⑦必要な商品でもないし、また欲しくもない。
⑧このような商品には、興味がない。

この質問をすることで、見込み客の購入意欲を知ることができる。
簡単に言えば、感想①と②が「買いたい」という人。感想③から⑤が平均点。感想⑥以降は「買わない」という人だ。

感想①はほとんどないのが普通なので、少なくてもあまり気にすることはない。感想②が二割以上あれば合格点だといえる。また、感想③はDMの見直しや営業トーク、商品のパンフレットや企画、仕様などによって、感想②のほうへある程度引っ張ることができる。

逆に気にしなければいけないのは、感想⑥以降が多い場合だ。これが三分の一を超えている商品は危険信号だといえる。価格設定の問題とは別で、そもそも売れる可能性が低いからだ。そういう商品は、販売そのものを見直す必要がある。

商品企画の段階で行なうと効果的

この価格調査は、商品がすでに存在する場合や、すでに販売している商品について行なう場合が一般的だろう。それはそれでもちろんＯＫだが、実はこの価格調査が最も効果を発揮するのは、商品企画の段階である。

まだ商品が完成していない企画の段階でＤＭをつくり、価格調査をする。ニーズとウオンツを知ることで、その商品がそもそも市場に受け入れられるかどうかが、この後半の質問でわかるからだ。もちろん、予想価格もわかる。そうすると、だいたいの見込み売上もわかるわけだ。

その結果、企画段階のその商品を本当に商品化してかまわないかどうかがわかる。価格調査だけでなく、市場のニーズとウオンツがわかるこの調査は、新事業を立ち上げる早めの段階で行なうのが上手な活用法といえる。これから起業を目指す起業家たちには必須のノウハウだ。

【ステップ7】価格を決定する

適正な価格帯はどこだ？

では、いよいよ価格の決定だ。価格の決定はズバリ、一八九ページの図表5－11で説明したバリュー下限価格とプレミアム上限価格の間にはさまれた価格帯。その価格帯が、**顧客視点でマイナスイメージをもたれない（ゆえに顧客数が最大化できる）適正な価格帯**になる。一九一ページの図表5－12でもそれはわかる。だから、あなたはこの適正価格帯でプライシングを行なえばいいわけだ。

これは、一九三ページの図表5－13の売上と粗利を把握するグラフからも読みとれる。このグラフによれば、二五〇〇円で販売してもいいし、七五〇〇円で販売してもいいということになる。それは適正価格の範囲内だから、ブランド的には問題ないというわけだ。

つまり、このバリュー下限価格とプレミアム上限価格の間の価格帯であれば、いくらに設定してもよいのだ。この価格帯であれば、安すぎて品質に不安をもたれる価格でもなく、高すぎて反感を買ってしまう価格でもないから、ブランドを傷つけずに販売できることになる。

ライバル価格が気になるとき

この段階になって、ライバル会社の価格をもちだしてくる経営者がいる。はっきり言って、同業他社のことは考えないほうがいい。ここでライバルを気にすると、価格競争に陥ってしまうからだ。価格競争になれば、今はバリュー下限価格とプレミアム上限価格の間に落ちついていても、しだいにバリュー下限価格を下回る価格帯に入ってしまう危険性がある。

あくまでもこの価格調査の結果をもとに、あなたの会社の戦略、会社の都合を優先して、どの価格帯にするかを決めてほしい。

また、すでにおわかりかもしれないが、背伸びをして高い価格にした場合、一時的にうまくいっても長期的に見れば失敗する。組織にひずみが生じたり、「この価格でこのサービスは何だ」といったクレームにつながる。安くするにしても高くするにしても、自分の身の丈にあったプライシングを実現してほしい。

すでにご承知だと思うが、価格はあくまでも「氷山の一角」にすぎない。ただ価格だけを上げても意味はない。戦略にもとづいた価格に見合った品質なり、サービスなりを提供することの重要性、その戦略を支えるだけのマネジメント力や組織力が必要であることは、これまでに書いてきたとおりだ。

会社には、必ず戦略というものが必要だ。バリュー下限価格帯でいくか、プレミアム上限価格帯でいくか。それはあなたの会社の戦略しだいなのである。

感情価格決定法がもたらした驚異の成功事例

ゼロ円のサービスが年間三六万円に化けた!

これまで無料だったサービスを、月三万円の商品へと価格変更し、大成功した事例がある。ファイナンシャル・プランナー（ＦＰ）で㈲アートエージェンシー代表取締役の白石光一氏だ。FPの仕事は、通常、アドバイスだけで利益を上げることはできない。保険や投信のバックマージンが収入であり、「アドバイスやコンサルティングではお金をいただけない」というのが常識だ。

しかし、白石氏はこの「感情価格決定法」によって、その常識を打ち破ることに成功した。白石氏自身が無料で行なっていたサービスについて価格調査をした結果、なんと月三万円の価値があることがわかったのだ（図表5－14参照）。

実は白石氏も、当初はFPのコンサルティング料金はせいぜい年間三万円程度だろうと考えていた。月ではない。年間である。ところが、実際にこの価格設定ノウハウによる価格調査を行なってみたところ、最も安い値段であるバリュー下限価格でも、年間八万六〇〇〇円であることが判明した。上限価格にいたっては年間三七万五〇〇〇円という結果が出た。この価格調査法を使っていなければ、実に年間数百万円の損失だったわけである。それが何年も積み重なっていたらと思うと、ぞっとする。

白石氏は、FPという仕事はクライアントに個別対応しなければならない肉体労働提供型のサービスであることを理解していた。だからこの調査の結果、あまり価格のことを気にしない、むしろ価格よりもサービス内容を理解し、興味をもっていただける顧客だけを

●図表5-14● ファイナンシャル・プランナーの事例

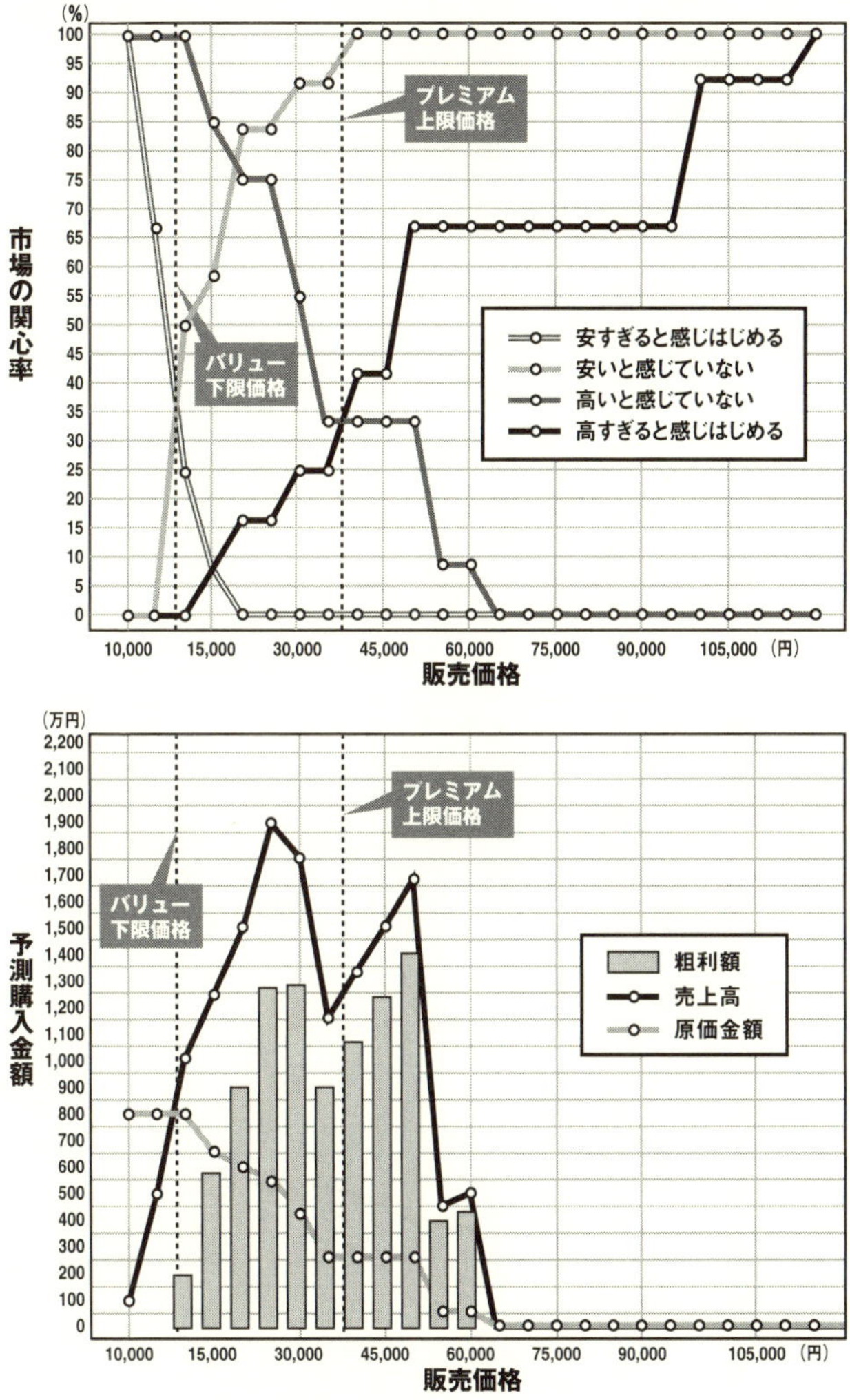

少人数抱え、サービスをより充実させたほうがいいと判断し、上限価格に近い金額に決定した。その結果が、月三万円、つまり年間三六万円という金額だった。

業界では無料が常識だったサービスが、たった一枚のアンケートを行なったことで、顧客一人当たり年間三六万円に化けてしまったのだから驚きだ。一〇人顧客を抱えただけで、三六〇万円、二〇人では実に年間七二〇万円もの金額になる。

これが三年、五年と続いていくわけだから、もし価格調査を行なっていなかったらと思うと、想像するだけで気を失いそうだ。もしかしたら、あなたも同じような損失を、今現在すでにしているのかもしれない。そういう危機感は、ぜひもってもらいたい。

それにしても、これだけの費用がとれるサービスを、ほとんどのFPが無料で提供しているというのは、なんとももったいない話だ。価格戦略をもたない者同士が真似しあって、それが業界の常識になっている。あなたも業界の常識と思い込んでいる価格を疑ってみる価値は十分にあるだろう。

売上が一瞬にして二倍に！

もう一つ、もっと身近な例をあげよう。ゼロ円からというケースではないが、やはり業界の常識的な価格を疑って成功した例だ。

都内を中心に約四〇店舗のクリーニング業を営む株式会社日東サービス代表取締役の榎本都行氏の事例だ。榎本氏が行なったのは、染み抜きの適正価格の調査。それまではライバル会社の価格を見て七〇〇円で行なっていたが、適正価格は違うのではないか、もっと値上げできるのではないかと、ふと思ったのがきっかけだった。そして行なった価格調査の結果、染み抜きの上限価格が一五〇〇円であることがわかった。

ここで一九三ページの図表5−13をもう一度見てほしい。実は、このグラフは榎本氏が価格調査の結果にもとづいて作成したものである。これを見てわかるのは、一五〇〇円までは価格を高くすればするほど売上が上がるということだ。ところが一五〇〇円を超えた段階で一気に購入者が減る。このことから、染み抜きの上限価格は一五〇〇円であることがわかる。

この結果を受けて、日東サービスでは染み抜きを一五〇〇円に値上げした。七〇〇円から一五〇〇円へ倍以上の値上げだ。もし他社と同様に、安易に価格を七〇〇円のままにしていたら、売上は半分も減っていたことになる。何気なく価格を決めてしまうことは、こんなに恐ろしいことなのだ。

●図表5-15● 日東サービスの保管料金の事例

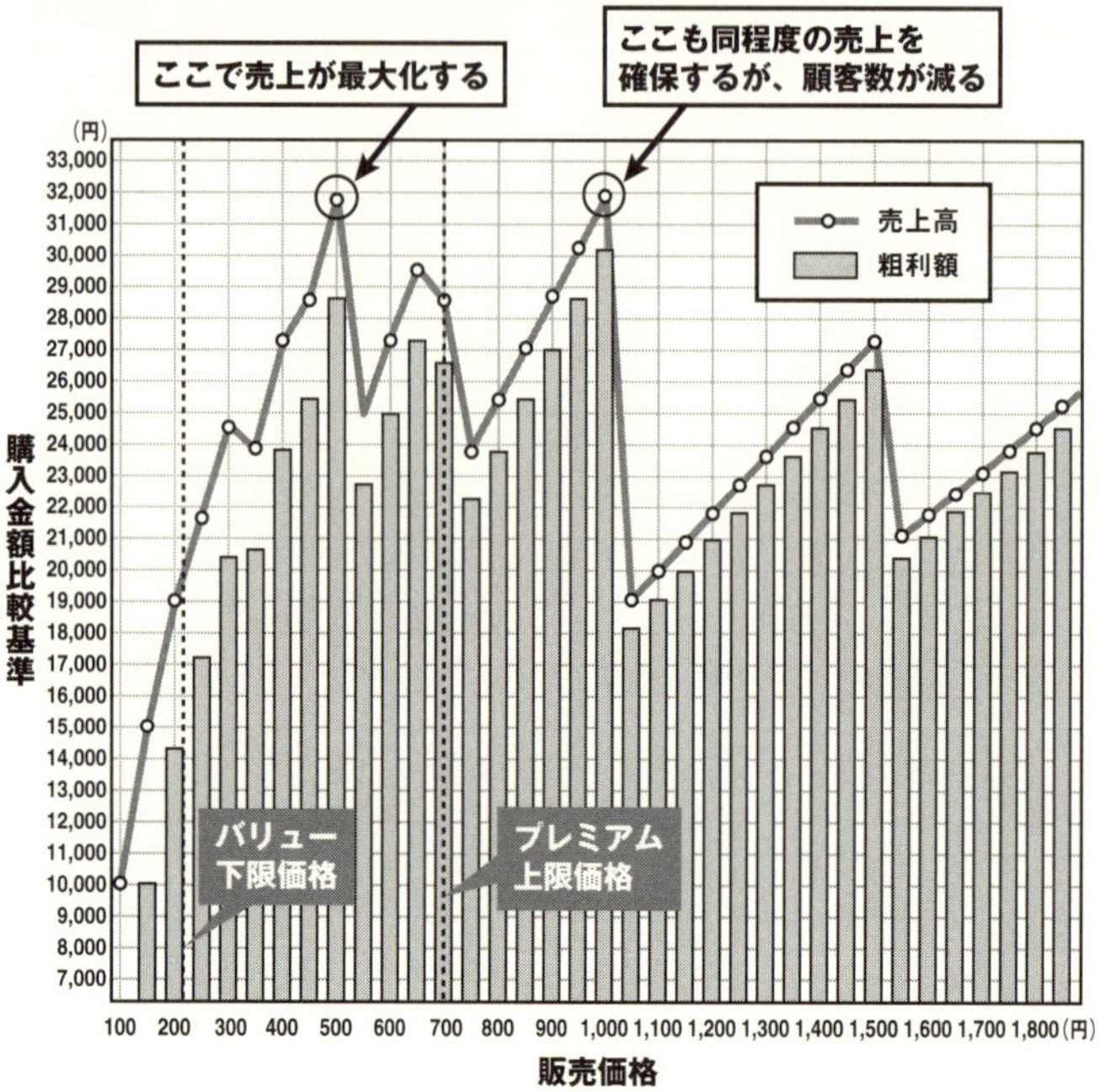

日東サービスには、もう一つ別の事例がある。同社では以前からお客様の洋服を預かる「保管」サービスを行なっていた。価格調査をするまでの価格は三〇〇円。「まあ、このくらいじゃないか？」という感じで決めた数字だったそうだ。

ところがきちんと調査をすると、五〇〇円に価格設定をしたときに売上が最大になることがわかった。図表5－15のグラフがそれだ。そこで、日東サービスでは保管料を五〇〇円に値上げした。

結果的に顧客の流出はまったくなく、粗利は丸々二〇〇円増えた。つまり、一瞬にして粗利が数倍になったのである。たった二〇〇円などと甘く見てはいけない。これは三〇〇〇円の商品が五〇〇〇円で売れる、三万円の商品が五万円で売れることに相当するのだから、効果の大きさがわかるだろう。

このように、こういった価格調査をするとしないのでは、雲泥の差がつくことがご理解いただけただろうか。

そして、日東サービスがこの価格を実現するために行なっているサービスや品質アップを見逃してはいけない。単に値上げをしているわけではないのだ。直営の工場をもち、お客様の大切な衣服をきれいにする一方、地球環境のことも考え、同規模のクリーニング店ではなかなか類を見ない「ISO14000」の国際環境規格の認証も取得している。

こういった表には見えない戦略的な経営が、これらの価格戦略を成功へと導いていることも忘れてはいけない。

第6章

業界の常識を突き破る——これが新しい戦略発想だ！

ブランド力と価格設定のバランスが成功をもたらす

具体的な価格の決め方は十分にご理解いただけたかと思う。四〇通のアンケートをとることがまずは第一歩となるわけだが、そもそもこのような価格戦略の成功をより確かなものにする秘策があるのを、あなたはご存じだろうか。

第5章で見てきた価格設定法をさらに大きく成功させる値上げや価格戦略。それは、あなたやあなたの会社自体がブランドとなることだ。そう、ブランド力をもつことこそ、価格戦略を成功させる究極の手段である。

今まで見てきた事例やプライシングの方法は、ブランドを構築するためのプロセスにすぎないと言ってもいいだろう。そして、ブランド力と感情価格決定法をバランスよく使っていくこと。これが、あなたの会社が儲かりつづける会社に脱皮できる最適な方法である。

ブランドとは「信用」であるから、ブランドがない会社は、いつまでたっても現場の泥臭い営業力に頼って経営を行なっていかなければならない。永遠に余裕のある経営はできない。当然、社長はいつまでもリタイアできず、自ら第一線で活動を続けるハメになる。そうならないためにも価格戦略による自社のブランド構築が、これからの中小企業には欠かすことのできない生き残り条件となる。

しかしブランドをつくり上げると言っても、いろいろな方法がある。ブランドの専門家もいる。お金がある会社はそういったところへ頼んでもいいだろう。だが、われわれ中小企業には、なかなかそうはいかない。

そこでここでは、ブランド力をもつようになるまでの会社の成長プロセスについて、お話ししていこう。このプロセスを見ていくなかで、あなたの会社がどの段階にあるのかを把握することが、理想的な第一歩をスタートさせることになるからだ。

私のビジネスが、そもそも〝金欲〟からスタートしたことは告白したとおりだ。実はこれがブランドをつくり上げる第一歩になってくる。では、それ以後の成長ステップを説明していこう。この段階を知っているか否かによって、プライシングの戦略も大きく変わってくる。

ブランドになるまでの7つの成長段階

私は今までの経験から、企業の成長には次の七つの段階があると分析している。

第一に、**「金欲、物欲」**。これらは自己成長欲求の一つだ。これが起業する動機になることがほとんどである。社会貢献や理念先行で起業し、成功していく人は残念ながらほとんどいない。

第二に、**「セールス力」**。売る力だ。とにかく事業を始めたら売らなければならない。誰しもがむしゃらに売って売って売りまくったという経験はあるだろう。特定の人の営業力に頼って事業が成り立っている段階。それが企業成長の第二段階だ。

第三段階になってくると、だんだん頭を使うようになってくる。それが、**「マーケティング力」**だ。これは小さなテコのようなもの。今まであなたがつけてきたセールス力を倍増させるテコだ。小さい努力で大きな成果を生み出してくる。より広く潜在的な顧客にアプローチし、セールス力を飛躍的にアップしていく力である。

ビジネスに対するより幅広い知識や戦略思考が求められる段階。それがこの第三段階だ。この段階で営業面でのプロセスはほとんど完成することになる。ここまでくると、従業員を増やさないと経営ができなくなってくる。次第に、経営者には組織をマネジメントしていく能力が求められてくる。それが次の段階だ。

第四段階は**「マネジメント力」**。これは大きなテコのようなものだ。マネジメント力がつくことで、自分と同じ能力をもった人材に事業の大部分を任せることができる。また、あなたと同じレベルの売上を上げることができる部署がいくつもできてくるのも、マネジメントの力だ。

第三段階までと一番違うのは、この段階になると、自分一人の力では会社が今以上には伸びないということだ。初めて、他人の力によって数字をつくっていかねばならないと感じてくる頃である。だんだんと「商売」から「経営」の領域に入っていくわけだ。

第五段階になると、**「システム力」**が重要になってくる。システムの効率化や営業支援のためのパソコン導入、手作業のソフト化といったシステム的な発想が求められてくる段階だ。あなたの会社のシステム力が求められるレベルである。

これは、頭と文明の力を使って会社に知恵をもたらすということだ。具体的に言うと、FA（ファクトリーオートメーション）やIT化、会計システムの導入などがある。今まで手作業で行なっていた顧客管理のシステム化もそうだ。業種によってはCTI（コンピュータ・テレフォニー・インテグレーションの略。サポートセンターやコールセンター等でよく使われている。電話の呼び出しとともに、パソコンの画面に電話をかけてきた相手方の詳しい情報を表示させる顧客管理ツールの一つ）の導入などもそうだろう。ホームページの活用もこの段階だ。

何も機械関係だけではない。例えば、営業会社であればロールプレイングの流れをつくり上げ、システマチックに売れる営業マンが育つ仕組みだとか、採用の段階でいい人材を見抜くためのテストや面接の方法なども会社の大切なシステムである。そういった仕組みをつくり上げていくこと、それが第五段階のシステム力である。

第六段階は、これら五つの段階で培ってきたもの全体で力を発揮することになる。すなわち、**「組織力」**である。組織には必ずリーダーが必要であるが、この段階の特徴は、あなた以外に全社を引っ張っていけるリーダーが育っていることだ。そして、あなたがいなくても、そのリーダーが会社を運営していくことができるのだ。

当然、そのリーダーは第四段階までのマネジメント力ももち合わせ、かつ第五段階のシステムにも明るい。そういう人が出現し、あなたに代わって会社を引っ張っていく状態。それが組織力がついたという状態である。この段階では、社長のあなたはほとんど何もしなくてもよくなっている。

そして最後に**「ブランド力」**だ。今までのプロセスの結果、生まれてくるものがブランド力。もちろん、ブランドをつくり上げるだけに個別の努力も必要だ。ＣＩ（コーポレートアイデンティティ）やロゴマークの作成、マスコミの活用など演出の面も大切になる。これらの部分に特化した専門家がいるくらいだ。

こうして会社というものは順を追って成長し、最後には「あの会社だったら安心」「あの会社だから買いたい」「あの会社だからこれくらい当然だ」という存在になっていく。ファンも増えてくるだろう。これほどの強みはほかにない。

これら七つの段階を順番にクリアしなければ、最後の段階には到達できない。インターネットの発達によって、間を飛び越えて一気にブランドをもつ企業が最近多いが、長期的視点に立つと、それは決して望ましいことではない。それに見合った、必要な経験を積んでいくことが求められるからだ。

ただ、稀に起業前にすでにブランド力を身につけていたり、その才能が元々あったり、または、恵まれた環境で起業したため、設立当初からブランド力をもっている会社もある。しかし、それはそれで大変だ。創業当初からの戦略すべてをブランドありきで構築し、ブランドを汚さない努力を創業当初から行なわなければならないからだ。

そうではないわれわれのような通常の中小企業の場合は、設立当初はブランドも何もない。あるのは儲けたいという「欲」だけだ。そこからブランド力をいかにつくり上げていくかが最大の事業課題となる。その経験こそがブランド力を長期間保つ下地となっていく。

大切なのは、創業時から企業の成長段階を意識し、最終的にブランド力をつけていくことを目標に経営を行なっていくことだ。第1章で紹介したリッツの金井豊氏は、創業当初からブランド力を最大限に意識してビジネスのすべてを組み立てていったことを私との対談のなかで語っていた。彼が成功を収めている最大の要因である。それは価格戦略とも密接に関係してくる。安売りしている会社で、ブランド力を維持しつづけているところはほとんどないからだ。

〈まとめ〉

ブランド構築のための七つの段階

第一ステップ：**「金欲物欲」**。これらは自己成長欲求。

第二ステップ：**「セールス力」**。売る力。

第三ステップ：**「マーケティング力」**。小さなテコ。

第四ステップ：**「マネジメント力」**。大きなテコ。「商売」から「経営」の領域へ。

第五ステップ：**「システム力」**。システムの効率化や営業支援のシステム発想。

第六ステップ：**「組織力」**。全社を引っ張っていけるリーダーが育っている。

第七ステップ：**「ブランド力」**。「信用」を商品とする。

どの業界にも通用する3つの戦略モデル

事業を通信販売にできないか？

今の時代、ブランド力をもってしても、抜きんでた業績を上げるのは難しい場合もある。また、ブランド力をもつ前の段階であっても、そもそも新たな事業をつくることに苦労することが多い。価格戦略どころではないのだ。

私は、今、どの社長も考えるべき戦略モデル、どの業界にも応用が利く戦略モデルとして、次の三つを考えている。通常こういったノウハウは書籍に公開したりしないが、プライシングを成功させるために必須のものが、これら三つの発想である。

いずれか一つでも行なうことができれば、収益を拡大し、さらにあなたが目指す値上げや価格戦略をも可能とする事業となっていく。そのために、あえてここで公開しよう。

その一つは、**「自分の今の事業を通信販売できないか」**と考えることだ。店舗に来店しなくても、営業マンが訪問しなくても売れる仕組みを考えてほしい。

例えば、全国に加盟店をもつ「花キューピット」は生花の通信販売に成功し、消費者に大きな利便性を与えた。今までは、花は近くの花屋さんで買って自ら持っていくか、もしくは、贈り先近くの花屋さんに注文して届けてもらう必要があった。しかし花キューピットは、どこからでも全国に花を贈ることができる。何か花を贈らなければならないという場合には非常にありがたい存在だ。

私もNTT代理店事業では、訪問販売が常識だったなかで、通信販売形式の営業にして成功した。通販のなかには、もちろんインターネットも含まれる。本をインターネットで買うのはもはや当たり前になり、「本は書店で買うもの」という常識がくつがえってきた。もはやインターネット上で買えないものはないくらい、ネットショッピングは広がりを見せている。

事業を通信販売にしようと考えれば、自動的に戦略発想にならざるをえない。高付加価値にならざるをえない。だから値上げや高価格戦略も可能になる。今の事業の具体的な打開策として、ぜひ「通販でやってみたらどうか」という発想を大事にしていただきたい。

自分のノウハウを同業者に販売できないか？

二つめの戦略モデルは、**「自分の今の事業の成功ノウハウを同業者に販売できないか」**ということである。これはコンサルタント的な発想だ。同業へ販売することがコツになる。

例えば、ある住宅営業のサラリーマンは、住宅メーカーに自分が成功した事例のノウハウを販売して成功した。ダスキンのあるＦＣ店は経営品質賞を受賞し、以来コンサル事業部を設立した。仕組みづくりのノウハウを同業者にも同業者以外にも販売し、社長自ら勉強会なども開いている。私も「起業支援」というコンセプトで、一九九八年から自身の事業立ち上げ経験ノウハウを提供するに際してはお金をいただいている。対象は起業家予備軍や現経営者。いわば同業である。

ポイントは、その業界が勉強熱心かどうか、業界がお金をもっているかどうか、さらに粗利額が大きいかどうかである。そういう業界であるほど、成功しやすい。勉強熱心でなければノウハウを買ってまで勉強しようと思わないし、お金がなければ当然買わない。また、粗利額が大きい業界であるということは、お金を払ってそのノウハウを買っても一個売れれば元がとれるという発想になるから、ノウハウを売りやすいのだ。

自分の歴史やノウハウを教育事業にできないか?

三つめのカテゴリーは、自分の会社なり、自分個人なりがこれまで蓄えてきた歴史やノウハウを**「教育事業として生かすことができないか」**という発想だ。

これも先ほど紹介したが、私自身が行なっていることだ。起業を目指す人向けのセミナーやノウハウをパッケージで販売している。私がインストラクターをつとめるフォトリーディングという速読術も教育事業の一つだ。本を速く読めるという経験や研究成果を、開発者のポール・シーリー氏は教育事業として成功させたのだ。

他に身近な例では、主婦が収納コンサルタントをやったり、元スチュワーデスがマナー講座を開いたり専門学校を開校したりするのも、このカテゴリーに入る。もしあなたの店や会社が何十年も続く老舗だとしたら、今は経営が芳しくなくても、老舗として培ってきた歴史やノウハウが売れる可能性がある。あるいは、それ自体が売れなくても、それを商品や店の付加価値として生かす方法が見つかるはずだ。先日、開園二〇周年を迎えた東京ディズニーランドへ行ってきたが、そこでも「二〇年という歴史」を見事に商品にしていた。教育事業にできなくてもいいのだ。

このような三つの視点から、あなたの商売を今一度見つめなおしてほしい。

既存の商品にそれらを付加してもいいし、既存商品の購入者に案内してもいい。新事業として立ち上げてもいい。どの場合でも、安売りする必要はない。と同時に、あなたの会社のブランド力構築にも大きく貢献してくるはずだ。

価格戦略があれば強制内税は怖くない

政府が仕掛けてくる価格戦略

最後に、二〇〇四年四月から導入される消費税の「総額表示方式」について触れておこう。これは、総額表示方式とか強制内税と呼ばれたりもしている。消費者へ価格を表示する際は、消費税込みの価格を表示しなければいけないという新しいルールのことだ。ちなみに消費税課税国のなかで、日本と米国以外の国々のほとんどは総額表示方式である。これも国際化の流れかもしれない。

財務省のホームページによれば、「総額表示」の義務づけは、「消費者に対して商品やサービスを販売する課税事業者が行なう価格表示を対象とするもので、それがどのような表示媒体によるものであるかを問いません」と書いてある。

その例として商品のパッケージなどへの印字、あるいは貼付した価格表示、新聞折込広告、DMなどにより配布するチラシ、新聞、雑誌、値札、商品陳列棚、店内表示、商品カタログ等への価格表示、テレビ、インターネットホームページ、電子メール等の媒体を利用した広告、ポスターなどと書いてある。

つまり、当面は消費者相手の商売だけが対象のようだ。だが将来的には、すべてにそれが及ぶのは時間の問題だろう。

われわれ商売人は、これまでは価格一〇〇〇円と表示して、お客様からは消費税を含めて一〇五〇円を受け取っていたが、これを最初から一〇五〇円の値札をつけて売らなければならなくなるのが、総額表示方式の意図するところだ。

ただ、それではあまりにも現場の混乱が大きく、産業界の抵抗もあったため、旧来表示に近い表示方法も認められるようになった。例えば、【一〇〇〇円（税込み一〇五〇円）】という表示方法だ。とりあえずはこの方式が主流になっていくだろうが、国が決める制度のことだから、またいつか突然、「税込み価格だけで表示をしなければならない」ということになるかもしれない。

「税込みの総額表示になったとしても、結局受け取る金額は変わらないのだからいいじゃないか」と思う人がいるかもしれないが、その考えは甘すぎる。価格競争の激しい業界で、はたして一〇五〇円の値札をつけることができるだろうか。お客様が、税込み一〇五〇円の店よりも、税込み一〇〇〇円の値札をつけている店に行ってしまうのは、火を見るよりも明らかだ。

【一〇〇〇円（税込み一〇五〇円）】のように、税抜き価格の表示の後ろに括弧で税込み価格を表示するパターンが主流になるとはいえ、いつかは【税込み一〇〇〇円】という表示方式で売らざるを得なくなる日は近い。税込み一〇〇〇円で販売するということは、実質的な価格は九五一円になってしまう。消費税総額表示は実に四九円の値下げを強制するのと同じことを意味するのだ。しかも、消費税は今後上がることはあっても下がることはない。

しかし、なぜ今になって消費税込みの価格表示を政府は求めるようになってきたのか。それはあなたの今後の価格戦略にも非常に大きな意味をもってくる。

どうして総額表示が義務づけられるのか？

財務省のホームページによると、消費税の総額表示を義務づける理由は、「消費者が混乱しているから……」と書いてある。しかしはたして、今まで消費税表示で混乱して大変な目にあったという消費者がどれだけいるだろうか。

財務省のホームページには、「現在主流の『税抜価格表示』では、レジで請求されるまで最終的にいくら支払えばいいのかがわかりにくく、また、同一の商品やサービスでありながら『税抜価格表示』と『税込価格表示』が混在しているため、価格の比較がしづらいといった状況が生じています」とある。

そんなに現行の制度で消費者が混乱しているのだろうか。ここで考えられるのは、「いつ消費者が混乱しているのか」である。今はほとんどの消費者は混乱していない。混乱するのは今ではなく未来。そう、将来、国が消費税を上げたとき、財務省がいうような混乱が出てくるのだ。「買い物してレジにもっていったら、なんか払うお金が高いのよ。よく見たら、消費税が二〇%なのよね。これってわかりにくくて混乱しちゃうわ」ということなのである。

現行主流になっている税別表示方式であれば、こういったことが予想される。当然、日常的なことだから、消費税に対する風当たりも強くなっていくだろう。こういった不快感をなくそうというのが国の狙いだ。つまり、政府が総額表示方式を導入しようとする背景には、世の中の表示価格をすべて総額表示方式にすることによって、消費税がとられているという認識を薄め、将来税率を上げたときにも消費者からの反発を弱めようという思惑があるように思われてならない。

総額表示方式では、実際に「消費税をとられた」という感覚が薄くなる。現在のように値札の価格にプラスして消費税を払うことがなくなるため、消費税をいくらとられているという実感がわかなくなるからだ。

やがて政府が、**消費者からの反発を弱めつつ、消費税を五%から七%、さらに一〇%に上げるシナリオを描いている**のではないかということは、あなたも推測できるだろう。実際、ここまで考えながら、会社経営をしていかねばならないのだ。

利益がなくなる前にやらねばならないこと

消費税が総額表示方式になると、あなたの会社の売上や利益はどう変わるだろうか。ちょっと具体的に見てみよう。

消費税が五％の場合、これまで一〇〇〇円だった商品を税込み一〇〇〇円で売ると、税抜き売上は九五一円に減る。しかも仕入れ価格は変わらないから、消費税分は粗利を削って支払うことになる。仮に仕入れを七〇〇円、粗利を三〇〇円とすると、総額表示方式への変更によって、粗利は三〇〇円から二五一円に減ってしまうのだ。

仮に消費税が一〇％に上がったらどうなるか。税込み一〇〇〇円の値札をつけようと思うと、税抜き売上は九〇九円、粗利は二〇九円にまで減ることになる。実に九一円も粗利が削られてしまうことになる。

もしこれが粗利二割の商売だったら、影響はさらに深刻だ。

今後、消費税が上がっていけば、粗利が二割、三割のビジネスでは、中小企業はやっていけなくなる。目玉商品的に粗利二割、三割のビジネスをやったとしても、付加価値の高い、粗利八割、九割のビジネスと組み合わせていかなければ、中小企業は生き残っていけないのだ。

ほとんどの会社は、目の前の売れない商品を、安くして一生懸命売ろうと努力している。あなた自身、営業力を強化したり、チラシを配ったり、ＤＭを送ったりと、大変な努力をしているに違いない。

しかし、政府がひとたび一〇％の消費税をとることを決定すれば、そうした努力も数年後には水の泡となってしまう。大企業はそれでも生き残っていくかもしれないが、中小企業はそうはいかない。利益がまったく出なくなってしまうのだ。

そういった将来リスクを軽減するためにも、今すぐ自分の商品の価格を変更し、事業体制を変えていかなければならない。それに成功した企業は大きく伸びていく。まわりが倒れていくのだから、お客様は生き残った企業へ集中していく。だから、これから生き残っていく企業というのは自動的にますます伸びていく。それが不況下で成功する、波に乗っていく企業の特徴だ。

将来が暗いように感じるだろうが、価格戦略を身につけたみなさんは、決して恐れることはない。**価格戦略がある会社は、より儲かる時代になった**のだ。

その一握りの成功者になる鍵を、あなたはもう手にしている。あとは、あなたがいつから実行するかということだけだ。

あとがき

価格戦略は、中小企業にとって欠かすことができない重要なノウハウである。経費の無駄は一円でもすぐにわかるが、売値を間違えた場合の損失は一億円でもなかなか気づかないからだ。コスト削減が限界にきている今、その重要度は増すばかりだ。

価格戦略は、今までないがしろにされていた分野であるからこそ、脚光を浴びているノウハウである。この波にいち早く乗っていった者は、より早くその増収効果を享受できるだろう。この本は、プライシング・ミスによる損失を少しでもあなたにわかっていただくために書きあげたものだ。

価格設定の重要性を理解していただくために、今まで秘密にしてきた私のノウハウのかなりの部分を初めて公開している。告白していると言ってもいいだろう。それは、私が本書を書くにあたっての最大の悩みでもあった。

「ここまで正直に話してしまうと誤解されないだろうか?」

「かえって胡散臭いと思われやしないだろうか?」

私は日々悩んでいた。

しかし、価格に悩む経営者は一向に減らない。相談も多い。価格で泣いている企業の話は毎日のように入ってくる。プライシング・ミスは倒産へ直結する。だから、あえて誤解されるのを承知でこの本を書きあげた。それだけ、真実の部分を包み隠さずに公開している。私のプライシングに対する思い入れをぜひ感じとってもらいたい。それだけ、魂を込めて書きあげた本だ。

ほとんどの経営者が価格を安くしすぎているなかで、約一〇年前からまったく逆を行く経営を行なっていた私の事例は異端そのものだ。だから本にするのがつらかった。だが、数々の事業を成功させ、三〇歳代前半で会長職へとリタイアできたのは、ズバリ価格設定と値上げ戦略があったからだった。

大切なことだから、もう一度言おう。

事業成功の要因は、価格設定と値上げ戦略である。

あなたが商品につけている価格は安くしすぎている。今すぐ価格を見直し、値上げを行なわなければならない。値上げにコストはかからない。値上げした分がまるまる利益となる。だったら、やらないほうが損ではないか。もちろん、サービス向上、品質アップと連動させることを忘れてはいけない。

初めて価格について真剣に考える起業家にとって、監修者の神田昌典氏が日本にもたらし、本書で初めて紹介した「感情価格決定法」は大変強力な武器になる。それはあらかじめ利益を最大化する価格がわかるだけでなく、商品の販売予測までもかなり正確に予測することができる画期的なノウハウだ。それもたった四〇通のアンケートをとるだけ。

ほとんどの経営者は同業他社の価格を見て、それを意識した価格を設定している。あなたもおそらくそうだろう。ライバル企業も同様だ。だとすると、どういうことが言えるか。そう、お互いに価格を安くしすぎてしまっているということだ。あなたはそれにいち早く気がつかねばならない。商売不振の原因を政府や景気のせいにするヒマがあったら、本書第5章の価格調査方法を順を追って実行するだけでもいい。とにかく一日も早く、その間違えた価格から脱出する必要がある。

それが、成功への最短距離なのだ。

最後に、本書執筆に際してのお礼を述べて終わりにしたい。

この本の完成は、ある二人の若手起業家の手助けがあって実現できた。小沼正和氏と杉山淳氏の二〇代起業家コンビだ。正直、この二人がいなかったら、この本は完成していなかった。それだけ、価格についての本を書く作業というのは、血を吐くような思いなのだ。他の本とはワケが違う。彼らはそれを自分のことのように考え、手助けしてくれた。翌日早朝から仕事があるにもかかわらず、深夜まで意見やアドバイスをしてくれたこともあった。彼らの協力に私は救われた。お二人にはこの場を借りてお礼を言いたい。

資料作成に尽力していただいた小笠原萌氏。彼は、いつも急で無理難題な依頼をいやな顔一つせず、そつなくこなしてくれた。この場を借りてお礼を申し上げたい。本書の資料やグラフはすべて彼が作成してくれたものだ。

監修者の神田昌典氏からは貴重な情報をたくさんいただいた。本書編集担当の中嶋秀喜氏のお力添えにも大変勇気づけられた。企業秘密である価格戦略のノウハウや体験を語っていただいたり、成功事例をお寄せいただいた起業家の方々。また、なかなか一緒に過ごす時間がとれなくなってしまったにもかかわらず、嫌な顔一つせずにいつも励ましの声をかけてくれた妻と子供たち。その他、ここには書ききれない多くの方々のおかげで本書を完成させることができた。みなさんに、ありがとうと言いたい。

そして本書の企画をされた、故・神田岳秀氏。彼はいつの間にか帰らぬ人となってしまった。若輩ながら私がその遺志を継いだのは、天国から与えられたいろいろな偶然が重なった結果だった。「長い時間がかかりましたが、おかげさまで完成させることができました。ありがとうございます」

私は岳秀さんから、本の書き方、文章のつくり方、人前での話し方、セミナーでのプレゼンのコツ、パワーポイントの使い方など、短い間だったが本当にたくさんのことを教えていただいた。今、私がこうやって本を書いたりセミナーを開催したりできるのは、岳秀さんのおかげだ。

最後に、岳秀さんが本書を構想していたときのメモから、読者へのメッセージを紹介し、筆を置くことにしたい。

「この本を、あなた様の販売価格に対する創意工夫にお役立てください。あなた様とあなた様のお客、お互いに生かし生かされる、すばらしい事業が発展なさるよう、こころから応援しています」

二〇〇四年一月二三日

主藤孝司

•資料6-②• アンケート協力者へのお礼状

〒802-0006　　北九州市小倉北区魚町 X-X-X
TEL 093-XXX-XXXX
FAX 093-XXX-XXXX

成就倶楽部・事務局　/　有限会社アートエージェンシー

平成 14 年 12 月 12 日

この度は、大変お忙しいなか、貴重なお時間をお割きいただき、快くアンケートにご協力いただき、誠にありがとうございます。

アンケートにご協力いただくのは、簡単です。

① まず、添付の 10 ページのダイレクトメールをお読みください。
② 10 ページの部分の倶楽部参加費が、空白になっておりますので、その参加費について、あなた様の素直なご意見を、最終ページのアンケート用紙にて、お聞かせください。

今回のアンケートで収集しました情報に関しては、統計的な処理をされ、調査目的のために使用もので、第 3 者に流用されることはないことを、お約束します。

それでは、何卒よろしくお願い申し上げます。

有限会社アートエージェンシー
代表取締役
白石　光一

●資料6-①● アンケートのお願い

〒802-0006　北九州市小倉北区魚町 X-X-X
TEL 093-XXX-XXXX

成就倶楽部・事務局　/　有限会社アートエージェンシー

平成 14 年 12 月 16 日

アンケートのお願い
ご回答いただけた方に、図書券 1,000 円分を進呈します。

お忙しいところ大変恐縮でございますが、お願いがありまして、ご連絡申し上げました。
私は、不動産、金融、保険、年金、税金、ライフプラン、相続・事業承継、法務、コミュニケーション＆コーチングが相談できる、会員制のファイナンシャルプランニング倶楽部を創立することを検討しています。

倶楽部に加入することによって、年ごとの収支と支出見込み、預金残高の推移を把握することができます。家計の支出を押さえ、無駄を省くことができます。お金の知識を得られることで、効率的な運用ができるようになります。税金やコミュニケーション＆コーチングの相談もできるようになっています。

この倶楽部に関して、会員制の導入を検討していますが、その計画に際して、あなた様のご意見を是非、お聞かせください。あなた様の意見は極めて重要です。というのは、あなた様を含めた 30 名の評価によって、このプロジェクトを実行するか、それとも中止するかを決定するからです。

お忙しいところ誠に恐縮ですが、貴重な数分をお分けいただき、プロジェクトの評価にご協力いただけないでしょうか？

ご協力いただけます場合には、新プロジェクト実行のために使用するためのダイレクトメール（10 項）をファックスにて折り返しお送り致します。ダイレクトメールをお読みになって、素直なご評価をアンケートにてお聞かせください。質問は 5 問で、すべて一言でお答えいただく、簡単なものです。
ご協力いただけました場合には、ささやかなお礼と致しまして、図書券 1,000 円分を進呈させていただきます。よろしくお願い致します。

有限会社アートエージェンシー
白石　光一

追伸、ご協力いただける場合には、折り返し資料（10 項）およびアンケート用紙（1 項）をファックスにて送り致します。下記にこのままファックスにてご返信ください。

□ 簡単な、5 問のアンケートにご協力しますので、資料を送ることを許可します。

□

お名前：　　　　　　　　　資料送付先ファックス番号：

FAX093-XXXX-XXX 365 日 24 時間受付

【6.ファイナンシャル・プランナーの事例】

有限会社アートエージェンシー

——無料だったサービスが年間36万円に化けた!

代表取締役 白石光一氏の報告

ここでは201ページで紹介した事例で、実際に使った価格調査資料の一部（「アンケートのお願い」「アンケート協力者へのお礼状」）を公開しよう。ちなみにその後も白石氏の事業は順調で、毎月コンスタントに会員を１～２名増やしていっているとのこと。この価格帯でその増加数は大変な成果だ。価格調査をしなかったらと思うと、本当にぞっとしてしまう。

当然、それに見合うサービス、品質アップの努力を怠ってはならない。そうした努力によって、その品質が認められ、ブランドとなり、毎月コンスタントな会員を募ることができるのだ。単に価格を真似するだけでは成功はないことを理解しなければいけない。

このケースでは、店頭で価格調査を行なっている。基本的な部分は変わらないが、若干工夫が凝らされている。店舗商売の方は参考にしていただきたい。

資料５−②〜④も、同じく日東サービスさんが行なった調査の資料だ。206ページの保管料の価格調査は、これらの資料を使ってファックスで行なわれた。

●資料5−③● 価格調査のためのダイレクトメール

保管サービスのご案内

冬が終わって、次のシーズンまで着ないお洋服どうされていますか？
お洋服があるとお部屋はなかなか片付かないし・・・。
今、クリーニングに出しても仕上がったときに、タンスの中に入らないし・・・。
衣替えをする時間はなかなかないし・・・。
限られたお部屋のスペースを有効に活用するため、そのお洋服、次のシーズンまで預けませんか？

当店の保管サービスなら、お預かりしたお洋服をお客様ごとに箱に入れて保管しますので他のお客様と間違うことはありませんので安心です。
酸素がない状態で保管しますので、シミや変色、虫食いの心配もありません。
１０月になったらクリーニングしてお返しします。

これまでの保管サービスは箱単位でしたので、本当に預けたいかさばるコートやダウンは預けづらかったですよね。そこで当店では、どんなお洋服でも均一料金としました。

コートも、ダウンも、スキーウェアも、何でも、１０月まで保管して１着につき［　　　］円。
（クリーニング代別・１０着以上から受付けます）

これなら、本当に預けたいお洋服を預けられますよね。お部屋のスペースに合わせて預けるお洋服を選べますから、お部屋スッキリ！　すてきな空間作りができます。

しかも、いつ預けても１０月まで料金は同じ１着につき［　　　］円ですから、１日でも早く預けないともったいないですよね。
今すぐお洋服を持ってお店に来てください。これで素敵なお部屋の空間作りが始まります。ご来店お待ちしています。

おしゃれ共和国　○○店
店員一同

●資料5−④● アンケート回答用紙

アンケート送信先：ＦＡＸ０３−ＸＸＸＸ−ＸＸＸＸ
おしゃれ共和国／株式会社日東サービス

※店頭にて店員に直接お渡し頂いても結構です。

前のページの『保管サービスのご案内』で、空白になっているお洋服１枚の１０月までの保管料金について、あなたの意見をもっとも反映する金額を、次にご記入ください。

Ｑ１　あなたの意見では、「これは安い」と思える保管料はいくらですか？　［　　　円］
Ｑ２　あなたの意見では、「高い、でもまだ利用する価値があるな」と思える保管料は、いくらですか？　［　　　円］
Ｑ３　あなたの意見では、「利用するには、高すぎる」と思える保管料は、いくらですか？　［　　　円］
Ｑ４　あなたの意見では、「安すぎで、品質が心配だ」と思える保管料は、いくらですか？　［　　　円］

Ｑ５　均一料金の保管サービスについて、あなたの感想をもっともよく表現する記号に○を付けてください。

１．何が何でも保管サービスが欲しい。
２．ぜひ保管サービスが欲しいと思っている。
３．保管サービスが欲しいと思っている。商品価値は平均点以上だと思う。
４．保管サービスが欲しいかどうかわからないが、商品価値は、平均だと思う。
５．保管サービスが欲しくはないが、商品価値は、平均だと思う。
６．必要なサービスだとは思うが、あまり欲しくはない。
７．必要なサービスでもないし、また欲しくもない。
８．このようなサービスには、興味もない。

アンケートは以上です。貴重なご意見、ありがとうございました。それでは、クリーニングサービス券をお送りするあて先をお教えください。

お名前		TEL	
送付先ご住所	〒		

【5. クリーニング店の事例】

株式会社日東サービス

――店頭で行なう価格調査の資料

代表取締役 榎本都行氏の報告

資料５―①は、204ページでとり上げた日東サービスさんが、染み抜き価格の調査で実際に使用したアンケートの回答用紙である。

●資料5−①●

※店頭にて店員に直接お渡しください。クリーニングサービス券差し上げます。

黄色に変色した箇所を修復することによって、着ることをあきらめていたお洋服も着られる様になります。
エリやズボンの股が黄色く変色したお洋服を修復する金額で、あなたの意見をもっとも反映する金額を、次にご記入ください。

Q１　あなたの意見では、「これは安い」と思える料金はいくらですか？
エリなら　　円　　ズボンの股なら　　円

Q２　あなたの意見では、「高い、でもまだ利用する価値があるな」と思える料金は、いくらですか？
エリなら　　円　　ズボンの股なら　　円

Q３　あなたの意見では、「利用するには、高すぎる」と思える料金は、いくらですか？
エリなら　　円　　ズボンの股なら　　円

Q４　あなたの意見では、「安すぎで、品質が心配だ」と思える料金は、いくらですか？
エリなら　　円　　ズボンの股なら　　円

Q５　黄色く変色したお洋服を修復する技術について、あなたの感想をもっともよく表現する記号に○を付けてください。

1．何が何でも変色は修復して欲しい。
2．ぜひ変色は修復して欲しいと思っている。
3．変色の修復はして欲しいと思っている。商品価値は平均点以上だと思う。
4．変色の修復をして欲しいかどうかわからないが、商品価値は、平均だと思う。
5．変色の修復をして欲しくはないが、商品価値は、平均だと思う。
6．必要なサービスだとは思うが、あまりして欲しくはない。
7．必要なサービスでもないし、またして欲しくもない。
8．このようなサービスには、興味もない。

アンケートは以上です。貴重なご意見、ありがとうございました。

●資料5−②● アンケートのお願い

〒175-0082　東京都板橋区高島平X-X-X
Tel 03- XXXX- XXXX
Fax 03- XXXX- XXXX
おしゃれ共和国／株式会社日東サービス

平成14年3月10日

アンケートのお願い
ご回答いただけた方に、５００円分のクリーニング券を進呈致します。

お忙しいところ大変恐縮でございますが、お願いがありまして、ご連絡申し上げました。当社では、冬服を次のシーズンまで保管するサービスを行うことを検討しています。

冬服を保管することでお部屋を有効に使えるサービスですが、これまでは箱単位の受付のため、金額がとてもわかりづらい面がありました。

そのため、お洋服１枚につき、〇〇円という形に設置しようと計画しておりますが、その計画に際して、あなた様のご意見を是非、お聞かせください。あなた様の意見は極めて重要です。というのは、あなた様を含めた３０名の評価によって、このサービスを実行するか、それとも中止するかを決定するからです。

お忙しいところ誠に恐縮ですが、貴重な数分をお分けいただき、保管サービスの評価にご協力いただけないでしょうか？

ご協力いただけます場合には、２ページ目の『保管サービスのご案内』をご覧頂き、率直なご評価を、３ページ目のアンケートにてお聞かせください。質問は５問で、すべて一言でお答えいただく、簡単なものです。ご協力いただけました場合には、ささやかなお礼と致しまして、５００円分のクリーニングサービス券を、進呈させていただきます。よろしくお願い致します。

株式会社日東サービス　代表取締役　榎本　都行

【4. 写真撮影料金の事例】

株式会社アート東京

——付加価値をつけた戦略によって、ライバルを追随せず

写真館部門代表 町田博史氏の報告

これは、ライバルが自社よりも安い価格で攻勢をかけてきたときに成功した事例だ。

ライバルのメイン商品の価格が6500円に対して、町田代表のメイン商品価格は1万7600円。その価格格差が心配になって、代表は価格調査を実施した。その結果は、なんとプレミアム上限価格が2万6000円だった。町田代表は、価格調査の結果と私からのアドバイスで「絶対にライバルよりも安い価格で戦争はしかけない」ことを決断した。

以後、町田代表がとった戦略は、一貫して品質とサービスの向上だった。自信をもって現状の価格帯を維持し、品質アップといっそうのサービス向上に努めた。

一方、低価格の顧客層をライバルに取られるのを見過ごしていたわけではない。今までの戦略を継続しつつ、新たに9500円の低価格商品を投入。キャンペーンで値下げすることはあっても、ライバル価格の6500円を下回ることはしない。常に高い価格で営業を続けている。その効果だろう。ターゲットにＤＭを送ると、明らかに商圏外からと思われるお客の来店が続出。平均10%アップ、最大で50%の来店数アップにつながった。

町田代表によれば、「ここ3年間、ほぼ横ばいの客数ですが、付加価値をつけた戦略で、売り上げは毎年10%ほど伸ばして参りました。地元の3歳の女の子約300名に対して、ＤＭを発送して、50%アップの成功を収めました。トータルでは10%アップ。今度は地元の対象年齢を3歳、5歳、7歳と増やして対策を行ないます」

てみることになった。その時に使用したダイレクトメールが資料3−①だ。

この調査の結果出た数字は、プレミアム価格が8000円だった。しかし、吉田社長はあえて価格をワンランク下げた6800円に決定した。この商品は、モニターの80％が違いを実感しているくらいだから、非常に品質が高い。実際、ＤＭだけで、発売２週間で1070万円を売り上げた。２週間後にはリピート注文も殺到する超ヒット商品となった。

それにもかかわらず、上限価格を狙わなかったのには理由がある。それは、「一人でも多くのお客に喜んでほしい。だから最低限度の流通コストと利益が確保できる価格帯で販売しよう」という決断だった。6800円ならば、コスト的にも全国に売り出すことができるのである。ちなみに、最終的に6800円に決定した理由は、自分の誕生日が６月８日だったからだという。いい意味での「いい加減さ」も成功の大きな要因のようだ。

その後、吉田社長はこのＤＭに6800円という価格を入れて販売した。参考までにいうと、その成約率はなんと68％だったそうだ。これは異常な数字である。それも価格調査の成果によるものだろう。

さらに販売戦略も見逃せない。「髪之助」の購入者には、化粧品やシャンプー・リンスも案内して、成功している。これら相乗効果の形はホームページでhttp://www.onsen2323.comで確認することができる。このHPのメルマガの成約率も54.1％。それが実現できている要因の一つに、あえて上限価格を狙わなかった価格戦略があるのだ。

使い方は、いたってカンタンです。

一、まずお風呂に入って、軽く洗髪をしてください。
二、軽く、タオルドライをしてください。
三、まだ、髪が軽く濡れたままの状態で、髪之助のサンプルを頭皮全体にたらし、軽く指先で塗り広げてください。
四、そのまま、三分ほど置いて、頭皮にじわ～～と、髪之助が染み込んでいくのを感じてください。

このサンプルで、おおよそ朝晩二回使って、二、五日分ありますが、一回で使い切っても、害はありませんし、頭皮を軟らかくする効果をより強く感じることができます。

※使い方は、別紙にイラスト入りで解説しています。

その効果をわかっていただける人だけに、お使いいただきたい。

「確かに、これは効果がありそうだ！」

そう思っていただけた方だけに、今回、「髪之助」の実力をより実感していただくためのお知らせがあります。しかし、まずは、サンプルをすぐに使って見てから、聞いてください。たったこの５ｃｃでは、絶対に「育毛の効果があった！」と、断言できる人はいないと思います。

しかし、このサンプルでその特徴を感じ取っていただける人でなければ、これから先、どんなに髪之助を使っていただいても、きっと、他の育毛剤に目が行ったり、途中で止めたりされる事でしょう。

「髪之助」は、早い方で３０日。八三、六％の方が、六〇日で、その効果を実感されています。が、育毛には、やはり根気強い気持ちが必要です。ですから、このサンプルで「試してみよう！」と言う気になった方だけに、ご優待価格での特典を、ご用意させていただきました。

サンプルを使われた方限定！『初回ご優待特典』

今回サンプルをご使用になられた方には、より一層の手ごたえを感じていただくために、特別価格でご提供させていただきます。

もちろん、お使いになられて、効果の実感が得られなかったときには、「例え使用済みのものでも、代金はお返しいたします」

私も、自信を持っておすすめする以上、あなた様に無理に使っていただく事は本意ではありませんし、何しろ効果に個人差のあるものですから、真剣に時間をかけて使っていただかなくては、その結果もわかりません。

２週間お使いいただき、まんがいち、ご満足いただけなかったときには、商品を受取人払いで、ご返送ください。

返品の理由は一切問わずに、喜んで返金させていただきます。

さて、その初回ご優待のお値段ですが、

3

通常一本（八〇㎖）　［　　　　］円

にて、ご提供させていただきます。

ただし、お一人様最高６本までで、お願いいたします。

また、あなた様の育毛のことを考えると、すぐにでも取り組んでほしい気持ちがあります。今から、十日以内のお申し込みまでの限定とさせていただきます。

育毛は、早く取り組むに越したことはありません。

育毛剤は、長い間継続して使い続けていくものですから、私どもの会社に対するご不安な点もございますでしょう。

そこで、初回ご優待の特典をご用意いたしました。

ぜひ、今すぐ、サンプルを試した上で、初回ご優待の特典をご利用ください。

初回ご優待価格でのご注文は、カンタンです！

同封の、初回ご優待専用ハガキの、希望本数に○をお書きになり、ＦＡＸか郵送にてお送りください。お電話（0120-XXXXXX）でも、受け付けています。

後は、何本必要かをお知らせいただくだけで、すぐにお届けできます。
ご連絡さえいただければ、数日後には、すぐに頭皮を柔らかくする育毛法が、始められるのです。

今すぐ、ペンを持って、ご記入ください。
あなた様からのご注文、心よりお待ちしております。

吉田アイエム研究所
吉田　透

追伸　髪之助は、少量でも頭皮にジワ～～と染みこんでくるのを実感する事が出来ます。

今すぐ温泉ミネラルの力をお試しください。

そして、その効果が感じられたら、初回ご優待特別価格の有効期限
（主藤　孝司様は一月二十八日まで有効です）内に、ご注文ください。

4

●資料3-①●

この、たった5ccが、
すでに三九八五名の人生を変えています。

あなた様にとって、とても貴重な育毛剤のサンプルです。
今すぐ、このお手紙をお読みになって、その効き目をじっくりとお試しください。

> 「揉むな！叩くな！マッサージするな！」
> 薄毛、ハゲ、抜け毛だけでなく、白髪や女性の気になる髪のボリュームアップなどにも喜びの声が寄せられています。
> 男女兼用！女性の利用率が四一％！
> リピート希望率が、九四．六％。
> 使用者の八三．九％が六〇日以内に効果を実感しています。（三十日以内なら七〇％）

主藤　孝司さま

吉田アイエム研究所の吉田　透です。
この度は、育毛剤「髪之助」のサンプルをご請求いただき、誠にありがとうございます。

「おいおい、サンプルって、たったこれだけかよ?」
「これで、どうやって効果を試せって言うんだ?」

そう思われたかもしれません。

しかし、これからあなた様に「髪之助」を使っていただくべきかどうかの判断をしていただくに当たって、この小さなサンプルを真剣に試していただくだけで、他の育毛剤との違いや効果を十分に感じ取っていただけるものだと思っています。

なぜなら、髪之助をつけての五～十分間の初期の段階で、あなたの頭皮に染み込んで軟らかくしていく感覚。それが、この髪之助の、育毛剤としての特徴だからです。

髪之助をつけると、頭皮に染み込んで軟らかくなっていくことを感じることができます。

あなたはこのサンプルを手にとり、すぐにお試しいただくことができます。

頭部の気になる部分の髪の毛を分けながら、髪の毛では無く、頭皮に直接数滴落してみます。そして、それを指先で軽くなでて伸ばします。そのまま、五分くらい置いてください。揉む必要はありません。塗りひろげるのです。

たった、それだけです。

頭皮に意識を集中して下さい。
「地肌にジワ～～と、染み込む感覚がわかりますか」

私も、無理に髪之助を押し付けるつもりもございませんし、厳選した原料を使っています関係上、効果の薄い使い方をされてご判断いただくのは、お互いに利益のないことだと思いますので、敢えて、この小さな容器の5ccにて、お試しいただいております。

1

近年各種の育毛剤が発売されていますが、髪之助は他の育毛剤とは一線を画するものです。

私には、ひとつの仮説がありました。

『ハゲや薄毛の原因は頭皮の固さにある』
『頭皮を軟らかくすれば、血流が良くなり、毛母細胞が活性化する』

この仮説に基づき「頭皮を軟らかくするにはどうすれば良いか?」と研究開発を始めました。そこで出会ったのが温泉水のイオン化ミネラルだったのです。

九年前にプロトタイプが出来上がりましたが、頭皮が軟らかくなるのに時間がかかったり、産毛までは生えても、それ以上伸びずに終わってしまったり、資金不足で賃貸契約していた温泉場からは解除を通告されるなど、挫折の日々も味わってまいりました。

１０数年にわたる温泉の研究と、三十九種類にも及ぶ生薬エキスの組み合わせの検証の結果、無香料・無着色・無ホルモンの男女兼用の育毛剤として、ようやく自信作『髪之助』を発売することができました。

もちろん、髪の毛ではなく、頭皮に直接つけるものですから、通常の使い方を守れば、副作用などはありませんし、あってはなりません。

なぜ、頭皮を軟らかくすると、毛母細胞が活性化するのか?

ハゲや薄毛に悩む人達は、大半が頭皮が固く、血流が悪いために栄養不足で、毛が細くなったり、脱毛に悩まされる結果となります。本来、栄養素は血液によって末梢の細胞まで運ばれ、老廃物もまた血液が細胞から受け取り、運び去る様にできているのです。

この育毛剤『髪之助』は短時間（5～10分）で頭皮をやわらかくします。それと同時に、皮脂分の過剰な分泌をおさえて、テカテカ、ギトギトのアブラっぽい頭になるのを防ぎます。
頭皮はいつもサラサラと爽快になります。

この髪之助を使うことによって、髪の悩みを解決できた皆様の声が、多く届いておりますので、ご紹介させてください。

鹿児島市　安部松　紀之　様

はじめは半信半疑でした。
でも、つけたすぐあとにジ～ッと来るものがあり、これは今までの物とは違うな、と感じました。　**使い始めて10日目くらいから抜け毛が減り、ひと月たらずで毛が立ってきて、ヘアースタイルを変える事ができるようになりました。**

姶良郡　西田　寿美子　様

『髪之助』を利用させていただきまして、1ヶ月になります。地肌が見え、周りは白髪いっぱいで、あきらめかけていた矢先に知り、さっそく使用させていただきまして、おどろくなかれ、白髪が黒くなり、毛がふさふさに。
この小さなサンプルを使うだけで、即座に頭皮に直接作用する育毛剤として、髪之助の特徴を実感していただけるものと思います。

現在まで、弊社は、お客様の口コミだけで、宣伝広告をほとんどせずにまいりましたが、おかげさまで発売わずか一年で一八六三名のお客様にご愛用いただいております。

2

もう一つ、義田社長が工夫した点がある。それはニーズとウォンツを高める戦略だ。どうしてもダイエットティーというのは、ある程度ニーズ（必要性）はあるが、ウォンツ（欲求）が低い場合が多い。また、ニーズがあるといっても、潜在的なお客に深くアプローチすることはなかなかできない。つまり、総じてニーズとウォンツを高める必要があるのだ。

価格調査アンケートでは、ニーズとウォンツも的確に把握できるようになっている。そのため、調査を行なうたびに、商品ニーズやウォンツが今ひとつ低いことが気になっていた義田社長がとった対策は、商品パンフレットの変更だった。

それまでのパンフレットやパッケージは、デザイン重視、イメージ重視のものだったが、価格調査後は使用方法重視、効果重視の路線へ変更し、かつお客様からいただいた声も載せるようにした。そして、さらに注文や問い合わせが可能なハガキまでチラシと一体化させた。それが資料２−②である。

このように、単に売上を最大化する適正価格だけではなく、販売効果を高めるニーズまでも価格調査によって知ることができるのだ。

【3. 育毛剤の事例】

株式会社吉田アイエム研究所

——上限価格をあえて狙わない戦略によって成功！

代表取締役 吉田透氏の報告

鹿児島にある吉田アイエム研究所は、数々の特許で世間に優れた商品を送り出している会社だ。そして、今回開発したのは、何とモニターの80％が違いを実感したという育毛剤だった。

ただ、値づけの段階では相当悩んでいたため、価格調査を行なっ

●資料2-② ● チラシの表面（上）と裏面（下）

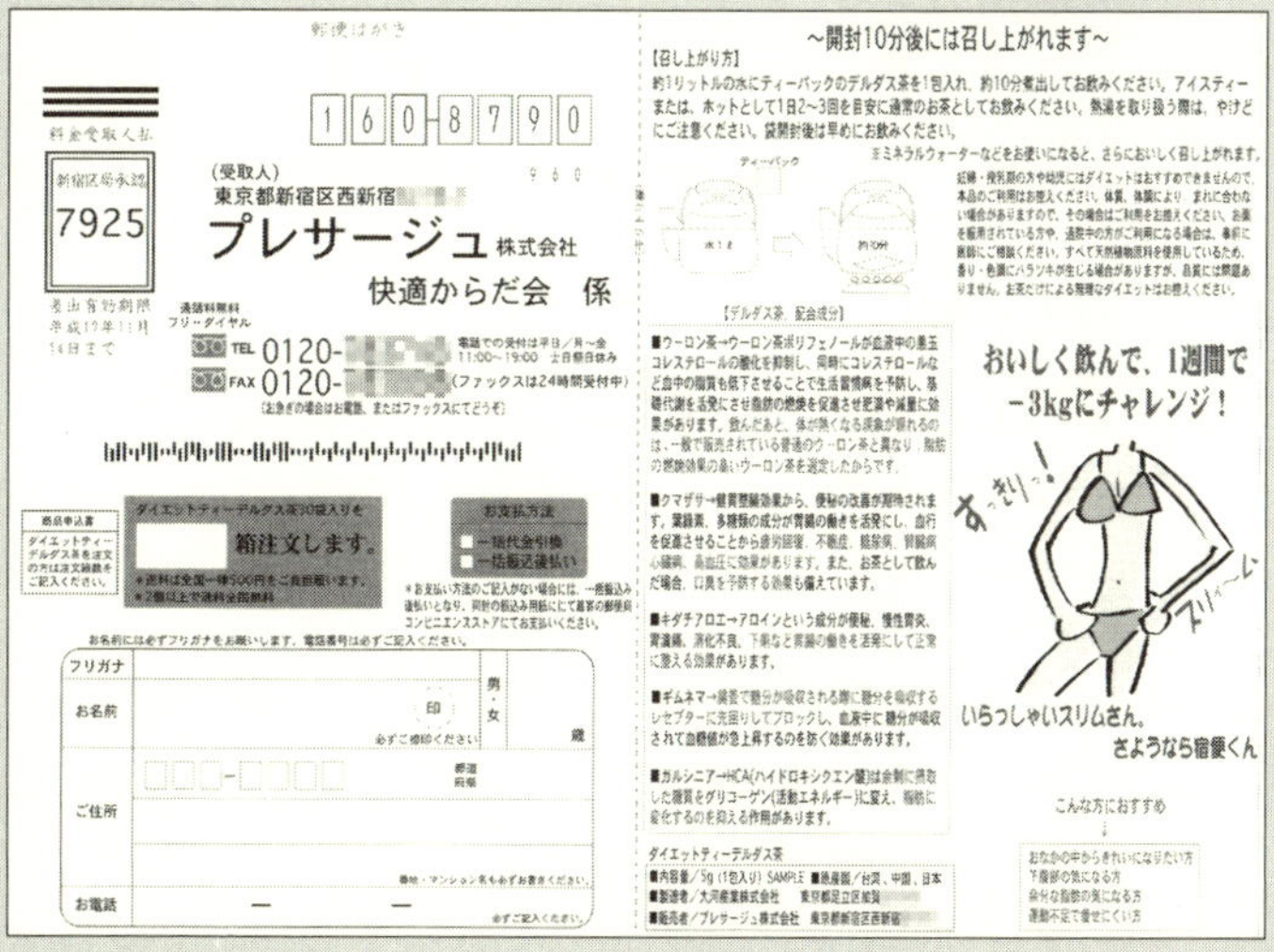

●資料2-① ● 回答用紙の記入例

お店名

美味しく飲めて、お腹が痛くならないダイエットティー、しかも1箱 30 包入りで、約1ヶ月半は飲めるお茶について率直にお書きください。

記入してくれた方の年齢を教えてください。　27 歳

現在、あなたの便秘の有無をお聞かせください　有・無

空白になっている商品金額について、あなたの意見をもっとも反映する金額を次にご記入ください。

Q1、あなたの意見では、このダイエットティーが「安い」と思える
　　金額はいくらですか？

1000 千円

Q2、あなたの意見では、このダイエットティーが「高い、でもまだ
　　買う価値があるな」と思える金額はいくらですか？

1500 千円

Q3、あなたの意見では、このダイエットティーが「買うには、高すぎ
　　る」と思える金額はいくらですか？

3000〜 千円

Q4、あなたの意見では、このダイエットティーが「安すぎて、品質が
　　心配だ」と思える金額はいくらですか？

300〜500 千円

Q5、この商品に関して、あなたの感想を最もよく表現する記号に○をつけて
　　ください。

1、何が何でも買いたい
2、高いニーズを持っている。もしくは買いたいと思っている
3、買いたいと思っている。商品の内容は平均点以上だ。
4、買いたいと思っているが、商品の内容は、平均点だ。
5、買いたいかどうかはわからないが、内容は、平均点だ。
6、必要な商品だとは思うが、あまり買いたくない
7、必要な商品でもないし、また買いたくもない
8、このようなお茶には、興味がない

アンケートは以上です。貴重なご意見ありがとうございました。

【2. 健康茶の事例】

プレサージュ株式会社

――価格調査をもとに、ターゲット別に商品を変更！

代表取締役 義田幸寛氏の報告

義田社長は大変勉強熱心な方で、価格調査を何度も行なっている。調査対象は、既存の取引先である美容室等。そこへ定期巡回をするときに新商品の説明を行ない、価格調査アンケートを回収してくるという方法をとっている。通常、早くても10日はかかる価格調査アンケートの回収を、義田社長はたったの３日で終わらせる強者だ。

まずは、実際のアンケートの回答用紙を参考までにご覧いただきたい（資料２－①参照）。これは、ダイレクトメール形式ではなく、口頭説明方式の場合に参考になるだろう。基本的な部分は何も変わらないので、あまり深く考えないでいただきたい。お店を訪問したときに口頭で説明し、回答を記入してもらう要領だから、氏名や住所等をわざわざ記入してもらわなくてもいい。冒頭に店名を簡単に書き込む程度だ。

このアンケート結果からわかったことは何か。適正な価格が導き出されたことはもちろん、実は調査対象によって、同じ商品でも結構なばらつきがあることが判明した。そのため義田社長は、同じ商品ではあるがターゲットごとに商品名とパッケージデザインを変えて販売を開始した。当然、価格もターゲットごとに変える。こうしておけば、万が一バッティングしても問題は発生しない。また、広い客層に的確にアプローチできるため、一つの商品でいくつもの客層にアプローチするよりも、何倍にも効果が出るのは言うまでもない。

こうした戦略をとることができたのも、義田社長の行動力によって、短期間に多くのターゲットに対して、繰り返し価格調査を行なった結果によるものだった。

●資料1-② ●

消費者から見てみると、880万円も1000万円も、低価格住宅というカテゴリーであることに変わりはなかった。つまり193ページのグラフの事例でいう、価格帯の山がまだまだ頂点を目指して上っている途中の価格帯だったわけだ。だから、値上げをしても販売数量が減ることはない。それを安倍社長は直感的に感じとっていた。

社長は価格調査を行なう間もなく、自身の決断一つで値上げを成功させた。もちろん、厳密な価格調査を行なえば、もっと適切な価格帯は判明するだろうが、何よりも値上げを先に実行してしまう行動力はすばらしいものがある。

これは、短期間で成功する起業家の典型的なパターンである。

●資料1－①●

進している。

元々低価格住宅という市場性があったため、社長は本当に安い価格で勝負していた。しかし、安いだけでは当然品質を疑われかねない。そのため品質に見合った価格で、かつ既存の住宅メーカーの価格よりも安いということがきちんと伝えられる価格帯を模索していた。

それまで出していた広告が資料１－①にある888万円という価格表示の広告だったが、社長はそれをやめて、資料１－②にある1000万円という価格表示の広告に変更した。ざっと約15％の値上げだった。

しかし、この商品に対する反響は以前とまったく変わらなかった。それによって、売上が伸びたのは当然だが、値上げ戦略によって、それがそのまま利益の増加につながったのだ。単純計算で、月10棟の契約として約1120万円の増益。毎月これだけのキャッシュが、一瞬にして増えていくことになった。

本書のノウハウが業績を上げた成功事例集

ここでは、多くの方々からお寄せいただいた価格戦略を実行した成功事例をとり上げている。みなさんが価格戦略を実行される際に、ぜひ参考にしていただきたい。なお、紙面の都合上、各資料は小さく掲載せざるを得なかった。ご利用の際は、拡大コピーをとるなどして活用していただきたい。

【1.住宅メーカーの事例】

アルルホームズ明るい株式会社

——広告の価格表示を変えるだけで、15%の値上げに成功!

代表取締役 安倍勇作氏の報告

安倍勇作社長は私の価格戦略セミナーに参加し、その場で値上げを決断。翌日には、すぐに実行した。

安倍社長は住宅業界の革命児としてマスコミ等にもとり上げられる若手起業家の一人。地元茨城にとどまらず、最近では全国へそのノウハウを広める活動もしている。社長が参入していたのは、元々低価格住宅の市場、そもそもが価格が低い市場だった。

しかし低価格住宅といっても、価格に比べて品質は明らかに高い。昨今のデフレや規制緩和等のおかげで、一昔前では成立しえない新しい市場ができあがってきたことに、社長はいち早く着目し、大躍

[監修者]

神田昌典（かんだ・まさのり）

上智大学外国語学部卒。ニューヨーク大学経済学修士、ペンシルバニア大学ウォートンスクール経営学修士（MBA）。外務省経済局、米国家電メーカー日本代表を経て、経営コンサルタントに。現在、企業家教育、心理カウンセリング、加速教育等の分野において複数の会社を経営。著書に、『60分間・企業ダントツ化プロジェクト』（ダイヤモンド社）、『あなたの会社が90日で儲かる！』『非常識な成功法則』（フォレスト出版）、『なぜ春はこない？』（実業之日本社）、『成功して不幸になる人びと』（監訳、ダイヤモンド社）等、多数。ホームページでは執筆レポート、講演録等、ほかでは得られない貴重な情報を無料公開中。

ホームページ： http://www.kandamasanori.com/

[著者]

主藤孝司（すどう・こうじ）

九州大学大学院中退。㈱パスメディア会長兼CEO。起業家大学エグゼクティブプロデューサー。㈱リクルートを経て24歳で起業。以後、価格戦略を取り入れ、次々と８つ以上の事業を成功させてきた価格戦略のプロ。NTT代理店事業での表彰は10回を超える。値下げをせずに年商10億円でリタイアする「小さく起こして大きく儲ける起業家養成の専門家」。全日通信事業協同組合代表理事。米国認定フォトリーディングインストラクター。主な著書に『お金がないから成功する「波乗り経営」』（フォレスト出版）、『［非常識に儲ける人］の図解 １億円ノート』（監修、三笠書房）がある。

※ 本書についてのお問い合わせは、 www.sudokoji.com もしくは 045-317-9980までファックスでお願いいたします。

一瞬でキャッシュを生む！ 価格戦略プロジェクト

――小予算で簡単にできる感情価格決定法

2004年 2月13日 第１刷発行

監修者――神田昌典

著　者――主藤孝司

発行所――ダイヤモンド社

〒150-8409 東京都渋谷区神宮前6-12-17

http://www.diamond.co.jp/

電話／03･5778･7232（編集） 03･5778･7240（販売）

装丁――――重原隆

製作進行――ダイヤモンド・グラフィック社

印刷――――信毎書籍印刷（本文）・新藤（カバー）

製本――――石毛製本所

編集担当――中嶋秀喜

ISBN 4-478-50221-8